Ce n'est pas ce que je voulais…

Ludivine SACCO

CE N'EST PAS CE QUE JE VOULAIS…

ISBN : 978-2-9572171-0-6

CE N'EST PAS CE QUE JE VOULAIS…

A ma fille Aby, pour m'avoir guidée vers cette aventure.

A Mila.

CE N'EST PAS CE QUE JE VOULAIS…

REMERCIEMENTS

Merci à chacune de ces femmes, chacune de ces mamans
pour la confiance qu'elles m'ont accordées,
pour leurs confidences les plus intimes.

Merci à mon allier dans la vie, Bruno, pour son soutien sans faille.

Merci à mes enfants, pour avoir accepté de me laisser
du temps pour faire naître ce projet
(cela n'a pas toujours été facile de me voir si occupée).

Merci à Minoé pour le dessin de la couverture
(et sa patience pour supporter toutes mes modifications)

Et Merci à vous, mes lecteurs, de prendre le temps
de venir découvrir leurs histoires, leurs parcours,
leurs souffrances et leurs sourires.

Merci d'y croire et de faire vivre cette aventure.

CE N'EST PAS CE QUE JE VOULAIS…

Quand je suis tombée enceinte de mon second enfant, Aby, je n'avais pas de stress sur l'accouchement.
Je savais ce que je voulais vivre. Peut-être trop avec le recul…

Pour mon premier enfant, j'ai vécu une grossesse difficile mais un accouchement merveilleux : une péridurale posée à 5 qui m'a permis de reprendre ma respiration et d'aider mon bébé à sortir. J'en ai gardé un souvenir incroyable ! Et pourtant pour ce premier enfant, je ne souhaitais pas de péridurale… Mais ayant perdu les eaux, je ne parvenais plus à gérer mes douleurs et ma respiration. Malgré ce qui m'a semblé à l'époque être un échec, j'ai réussi à utiliser cette perte de sensation des membres inférieurs à mon avantage, et j'ai vécu cet accouchement dans un vrai soulagement permanent : je respirais bien, j'étais soulagée des douleurs et en même temps, l'injection était suffisamment légère pour ressentir la sortie de ce bébé tant attendu.

Dans ma tête, pour Aby, je savais ce que je voulais ! Je voulais vivre le même accouchement (à quelques détails près). Je voulais une péridurale pour pouvoir gérer ma respiration sans panique, pour pouvoir aider ma fille à sortir dans les meilleures conditions. Je voulais accoucher dans le silence comme pour Louis. Je voulais, je voulais… mais je ne m'étais pas préparée à cette fameuse phrase : dans la vie on n'a pas toujours ce que l'on veut…

J'ai vécu 9 mois de grossesse au top ! On oublierait presque les premiers mois avec les nausées, mais je pense que cela fait parti des petits maux qu'une future maman s'attend à ressentir.

La seule inquiétude qui est restée tout au long de ces 9 mois était l'accouchement prématuré comme pour Louis. Mais cette petite fille en avait décidé autrement… Avec un terme le 31 août, elle est arrivée dans les premières minutes de la journée du 28.

Et je peux vous assurer que je ne suis pas prête d'oublier son arrivée…

Je me rappellerai toujours le déroulé de cette journée du 27 août 2019.

La veille j'avais fait une séance d'acupuncture avec ma sage-femme pour remettre mes énergies en place et en phase avec mon corps et lui signaler que c'était le moment de se lancer dans cette nouvelle aventure. Je ne vous cache pas que j'ai fait cette séance sur le principe du « on verra bien, je n'ai rien à perdre » mais je n'y croyais pas. Le seul changement que j'ai perçu très rapidement ce fut la dureté de mon ventre le lendemain matin.

En ce 27 août, il faisait beau, il faisait chaud et on avait passé la journée entre amis à la maison.
Vers 19h j'ai commencé à faire les 100 pas, à sentir des contractions rapprochées mais sans douleur, juste très gênantes.
Il faut savoir que j'ai eu des contractions toute ma grossesse du

coup je ne me suis pas inquiétée plus que ça !

Nous avons fini la journée au restaurant et c'est là-bas que j'ai senti vraiment le travail se mettre en place. Les contractions étaient toujours toutes les 4 à 5 minutes mais un peu plus douloureuses et j'ai passé une partie du repas debout à me tenir à la table.

Vers 22h, j'ai commencé à me dire qu'on finirait bien à la maternité mais loin de m'imaginer ce qui m'attendait.

Nous avons abrégé le repas et nous nous sommes rendu à l'hôpital (où j'avais déjà fait 2 passages avec un col désespérément bloqué à 1).

J'ai choisi de marcher du parking jusqu'à la maternité alors que Papa voulait aller me chercher un fauteuil car je marchais trop lentement et que je m'arrêtais tous les 10 mètres. Je pensais tellement être loin d'accoucher que je lui ai expliqué que tout ce que je faisais maintenant je n'aurais pas à le faire dans un couloir par la suite (si j'avais su, j'aurais finalement accepté son fauteuil).

En arrivant dans le service, j'étais contente de retrouver la même sage-femme que mon précédent passage (comme une manière de lui dire : cette fois-ci c'est la bonne, et peut-être en même temps comme une impression de ne pas faire face à une inconnue).

A l'examen du col elle m'explique que c'est pour ce soir ! Jusque-là sans surprise vu mes douleurs. Mais à l'étude du col durant une contraction, elle m'annonce sans ménagement, on est à 8…

Durant les premières secondes, je me demande si elle parle bien du col car j'ai le souvenir de mon état à 5 pour Louis et là, je marche, je parle, j'ai mal mais je me sens bien…

Mes premiers mots resteront gravés en moi : « Et du coup pour la péridurale ? »

C'est à sa réponse « je ne pense pas qu'on puisse la poser » que la panique a prit place et que plus rien ne semblait pouvoir me rassurer. Comme si à ce moment précis je perdais pied…

J'ai tout de même tenté de la négocier car je me souvenais de la longue attente pour faire descendre Louis dans mon bassin (à ce moment j'ai oublié que depuis presque 2 mois elle était déjà enclenchée dans mon bassin, appuyant fortement sur le col… comme quoi sur le moment plus rien ne faisait écho en moi).

Quand l'anesthésiste est arrivée en salle d'accouchement, j'ai eu comme une sensation de soulagement. Soulagement de courte durée quand dans une phrase agressive elle va lâcher « on ne vous a pas dit que pour le second il faut venir plus vite ? ».
Ceux qui me connaissent savent que j'ai du répondant, mais à ce moment-là, la panique est trop forte pour réussir à lui sortir un seul mot. C'est la sage-femme qui va prendre ma défense en lui expliquant qu'elle-même avait été choquée de ma dilatation vue mon arrivée dans le service plutôt détendue malgré la douleur des contractions.
Je n'avais qu'une envie à ce moment-là, que Papa revienne vite…

Elle va se mettre en place derrière moi et me demander d'attendre la contraction suivante pour lui préciser si je sentais pousser ou pas. Je n'étais plus en état de réfléchir et quand je lui ai annoncé que je sentais que ça poussait, elle va m'annoncer dans une intonation glaciale « bon, ben je ne peux rien faire pour vous, au revoir » et elle va partir sans même me regarder…
A ce moment là, je me suis effondrée en larmes dans les bras de l'obstétricienne…
Papa est revenu en salle d'accouchement et a repris sa place à côté de moi pour essayer de m'apaiser. Je me rappelle encore les phrases que je n'ai cessé de lui répéter « Je n'y arriverais pas » « ce n'est pas ça que je voulais »…

C'est alors que le début de ce que j'ai longtemps appelé mon calvaire va commencer.
Il a fallu pousser pour expulser ce bébé sans aucun moyen pour réduire la douleur. Je n'étais pas préparée à ça et j'avais la sensation qu'elle ne pourrait jamais sortir, que mes poussées n'avaient aucun effet, que je souffrais pour rien.

Je me rappelle les larmes, je me rappelle les hurlements de douleur,
Je me rappelle me tordre de douleur à ne plus pouvoir garder mes
jambes en position et en les posant sur la sage-femme (qui a été
d'une patience incroyable avec moi), je me rappelle avoir déchiré la
blouse de Papa, je me rappelle avoir arraché la main de
l'obstétricienne qui a joué un rôle important là où elle aurait pu ne
rien faire et attendre qu'on ait besoin d'elle, je me rappelle du gaz
hilarant, le célèbre Kalynox que j'ai utilisé avec abus mais qui me
permettait de me sentir loin de tout ça.
Je me rappelle aussi de cette expulsion, cette sensation de
libération, mais surtout cette impression que bébé était long, mais
tellement long… Alors qu'avec son petit 49,5cm on ne peut pas
dire que c'était un grand bébé.
Je me rappelle avoir été recousue avec une anesthésie locale que je
qualifierais de psychologique… Mais après avoir vécu la douleur
d'un accouchement sans péridurale, cette douleur là semble
presque ridicule.

Mais je me rappelle surtout de la présence de Papa, de ses mots…
Ses mots qui ont été durs parfois mais qui m'ont permis de ne
jamais abandonner. Il a été parfait pour moi, là où d'autres mamans
auraient sûrement préféré un papa doux et docile.
Je me rappelle de ses mains pleines de liquide amniotique et de
vernix caseosa quand il a posé notre fille sur moi et je me rappelle
de son sourire apparent alors que je savais qu'il voulait la sortir
mais qu'il fut incapable de me lâcher pour aller la récupérer.

Je culpabilise encore de ne pas lui avoir permis de vivre
l'accouchement qu'il avait en tête lui aussi, bien qu'il m'assure ne
pas m'en vouloir.
Il a coupé le cordon, a suivi sa fille pour le premier examen, a géré
comme un chef à la maternité (alors qu'il est important de préciser
qu'il n'avait jamais porté de bébé de sa vie). Et depuis que nous
sommes rentrés à la maison, il assure comme un papa poule (vous
en connaissez beaucoup des papas qui se disputeraient presque
pour aller changer une couche ?)

A l'écriture de ce texte, nous sommes 1 mois après la naissance de notre fille, Aby, la pièce manquante à notre puzzle.
A force d'en parler à Papa, à ma sage-femme, à quelques amis, j'ai réussi à prendre conscience que ce que j'ai vécu, un grand nombre de mamans rêvent de le vivre, que j'ai une chance incroyable d'avoir connu 2 accouchements diamétralement opposés…

Je réalise que ma fille est en bonne santé depuis sa 1ère seconde de vie, que je vais bien et que je me suis remise très rapidement.

Je réalise aussi que je suis entourée de mamans témoignantes qui ont vécu des histoires bien plus importantes, graves ou dramatiques que moi…

VANINA

Il m'est impossible de vous raconter l'histoire de Vanina sans vous parler, du bout de femme incroyable qu'elle est.

Habitant en corse, nous n'avons pas pu organiser de rencontre pour recueillir son témoignage et c'est elle-même qui a écrit son histoire pour me la raconter. Elle y a mis son plus grand atout ; non je ne parle pas de son mari qu'on surnomme avec mignonnerie Tony Micelli (je vous laisse deviner pourquoi), mais bien de son humour.
Elle donne l'impression que le rire peut aider à tout affronter, et à la lecture de son histoire, je réalise que c'est une grande qualité chez elle, qui cache énormément.

Vanina est mariée depuis moins d'un an quand elle décide avec JN de consolider leur famille recomposée, par l'arrivée d'un nouveau bébé. Lui, est déjà papa de 3 enfants et Vanina ne conçoit pas sa vie sans réaliser son rêve de devenir mère.
Elle résume sa fertilité en écrivant *« Je suis le genre de meuf qui grossit en mangeant un gâteau et qui tombe enceinte en regardant… enfin tu sais ! »*
Dans la logique de son explication, elle tombe très vite enceinte et lors de la visite des 3 mois (1ère échographie pour eux, car pas d'échographie de datation de faite), on leur annonce *« sans ruban*

pour décorer » comme elle me le racontera, que le cœur ne bat plus… complété par un élégant *« s'il n'a pas tenu, c'est qu'il ne fallait pas qu'il tienne, lundi vous rentrez en clinique pour un curetage. Ce n'était pas un bébé, c'était un embryon. 50 euros, merci au revoir »* (je suppose qu'il a marqué des temps de pause entre chaque partie de ces phrases, mais l'ensemble reste d'une violence inouïe pour une future maman).

Forte de caractère, elle se remet de cette perte et un mois plus tard *« son mari la regarde »* et un nouveau petit être se greffe à elle. Une grossesse qui la stressera dans les premiers mois pour laisser place à une petite Pauline qui arrivera à 8 mois et demi de grossesse.
La légende dit qu'on oublie les douleurs, elle garde toutefois en mémoire les 48h de contractions espacées de 5 min ; 48 interminables heures…
« Aujourd'hui, Pauline a 14 ans… Et Instagram… »

Ce qu'il est important de savoir sur Vanina c'est que sous cet humour permanent se cache des faiblesses. Et sa plus grande faiblesse est son angoisse. Tout l'angoisse : La maladie, la mort, l'accident, la perte brutale d'un être proche etc.
C'est une maman en alerte permanente sur sa famille et elle ne trouve la sérénité que lorsqu'ils sont réunis tous les 5 au même endroit.
Oui 5… Car la suite de son histoire arrive…

A l'époque où elle décide d'avoir un autre enfant, ses angoisses ne lui gâchent pas la vie comme aujourd'hui… Alors elle se lance et réalise que le regard de son mari ne marche plus pour tomber enceinte.
Après 2 années de tentatives, de calculs et de tests d'ovulation, il ne se passe rien…
Les tests s'enchainent, les piqûres, les stimulations ovariennes…
Un parcours épuisant qu'elle camouflera sous couvert de son humour, avec le risque d'une grossesse multiple connu (dont elle rêvait quand elle était petite).

A force de blaguer sur son envie de jumeaux, JN ne prend pas au sérieux l'annonce de la grossesse gémellaire : *« Je lui ai dit « les deux cœurs battent très bien ». Il a répondu « arrête tes conneries », j'ai dit « je te le jure sur la vie de Nabila et Thomas » et il a conclu par « il faut changer de voiture ». Pour la petite histoire, on n'a jamais changé de voiture. »*

JN est papa de 4 enfants à ce moment là, 4 filles… Et il espère au plus profond de lui, qu'il y aura au moins un garçon dans le lot. Lors de l'échographie, le gynécologue annonce que *« J1 a une quéquette et J2 aussi… »*. A ce moment là, elle perd JN dans les méandres de ses larmes… (Pour la petite anecdote, ils ont été appelés J1 et J2 durant des mois).

S'en suit une grossesse surveillée (comme la plupart des grossesses gémellaires) : la sage-femme à domicile 2 fois par semaine, des monitorings à gogo, des hospitalisations pour des problèmes d'acide urique etc.

L'accouchement est déclenché. Les contractions commencent, le début du travail également mais le cœur d'un des bébés commence à ralentir une fois, puis deux, et à ce moment là, elle descend en urgence au bloc pour une césarienne.
Juste le temps d'embrasser JN et de lui dire *« Je t'aime »*.
A ce moment il comprend, *« Il se tourne vers l'assemblée d'infirmières et de médecins et il lâche : elle dit qu'elle m'aime seulement quand elle a peur. »*

L'avantage de la césarienne (il faut bien lui en trouver un) est que tu n'as pas vraiment le temps de réaliser, que d'un coup les bébés sont là !
Elle ne les voit pas longtemps, mais Alexandre et Antony sont bien nés en ce 11 janvier 2013 ; et ils vont bien.

Tout aurait pu être magique, malgré l'intensité que demande la gestion de deux bébés d'un coup, mais Pauline fait remarquer qu'Alexandre rejette du lait. Branle-bas de combat, tout le monde s'agite, le pédiatre récupère Alexandre et l'emmène avec lui, laissant dans la chambre les parents pleins de doutes et de peurs, avant de revenir en expliquant qu'il s'agissait que d'une fausse route (un peu de « néonat » et le tour est joué).

Vanina me racontera avec amusement : *« Tu vois vraiment tout en double avec les jumeaux : oui l'amour bien sûr mais aussi les couches, les biberons, les fringues, les sacs, la poussette. Il n'y a que tes heures de sommeil qui diminuent de dingue. Mais on a eu de la chance, ils ont fait leurs nuits à 2 mois. Par contre : non, ils ne mangent pas en même temps, ni le jour, NI LA NUIT. »*

Très vite elle va se rendre compte qu'Alexandre est différent. Aucune explication précise à donner, aucun mot à poser mais elle sait qu'il y a un souci. (On pourrait dire que c'est tout simplement l'instinct maternel mais pourtant il est tellement plus facile de ne rien vouloir voir : pas de diagnostic = pas de changement de vie).

Toutefois, comment réagir quand même le pédiatre ne te prend pas au sérieux en prétextant que tu compares tes enfants car ce sont des jumeaux…

C'est à 8 mois que tout bascule… Alors que les garçons dorment, Antony se met à hurler… Comme tous parents, ils débarquent dans la chambre *« tel le GIGN »,* et constatent qu'Alexandre est en pleine crise d'épilepsie. A ce moment là, tu remercies ce lien invisible existant entre les jumeaux, qui aura permis de sauver la vie d'Alexandre car comme elle le dit si bien : *« A tous ceux qui disent « on s'en rend compte, ça fait du bruit » : foutaise ! Si Antony n'avait pas hurlé, on n'aurait rien entendu ».*

En 2 secondes on parlera de pompiers, SAMU, hôpital…

C'est le neuropédiatre d'un hôpital de Marseille qui leur parlera pour la 1ère fois de « Retard global dans les acquisitions » et d'épilepsie.
Il leur expliquera qu'il ira en IME (institut médico-éducatif) et qu'il ne fera pas d'études.

Alexandre marchera et parlera tard ; et à bientôt 7 ans, il porte toujours des couches la nuit.

Vanina va avoir du mal à se confier sur le parcours d'Alexandre, les plaies étant toujours ouvertes, mais elle va tout de même me parler de l'enfant qu'il est aujourd'hui.

Alexandre et Antony ont été sortis du système scolaire classique et traditionnel après la 1ère année de maternelle. Ils sont dans une école hors contrat, Montessori et enseignement privé où on laisse à Alexandre le temps d'avancer à son rythme et depuis… il parle…
Les progrès constatés sont énormes et impressionnants (même s'ils ne rentrent toujours dans la fameuse norme qu'on attend d'un enfant). Il est également suivi par une orthophoniste qui complète le travail fait en classe.
Vanina confiera même devoir parfois lui demander d'arrêter de parler… Phrase qui ne représente rien pour un parent lambda mais qui signifie tellement pour cette famille.

Aujourd'hui Alexandre est en CP (je ne peux vous décrire l'élan de fierté que j'ai vu passer sur son profil Facebook à l'annonce de cette nouvelle), *« il a un caractère de merde mais un cœur énorme. Il est gentil, il a vachement d'humour, un sacré coup de fourchette et il est super volontaire »* comme le décrira sa maman.

Vanina n'est pas une personne qui va se plaindre, pourtant leur vie n'est pas simple. Cette école coûte plus de 700€ par mois, JN multiplie les boulots, ils ne partent pas en vacances, mangent souvent des pâtes comme elle le dit. Mais les enfants sont heureux et pour eux ça n'a pas de prix… par contre ça a un coût…
L'handicap est en France un sujet encore difficilement abordable, les aides sont anarchiques et incompréhensibles, les dossiers longs à monter et l'attente de traitement souvent interminable.

L'évolution d'Alexandre a rendu la vie d'Antony plus légère : fini les angoisses, il a lui aussi repris une vie « normale » et sereine.

Ils ont appris à vivre au jour le jour, sans se projeter trop loin (pour les études ils verront en temps et en heures), ils savourent leur bonheur et s'adaptent au rythme et aux évolutions d'Alexandre.

Comme beaucoup de familles connaissant le handicap, ils n'aiment pas la pitié, le dégout, la « pseudo » compassion dans le regard des gens.

Si vous êtes amené à la rencontrer, je vais vous donner un conseil important : ne lui dites jamais « courage »…

MORGANE

Quand Morgane est arrivée à notre rendez-vous, j'ai découvert une jeune femme rayonnante avec un immense sourire. En repensant à ce sourire, je me dis que personne ne peut soupçonner ce qui se cache derrière.

Morgane a 29 ans aujourd'hui, elle est tombée enceinte pour la 1ère fois en avril 2016 d'un petit bébé surprise. A ce moment-là ils sont en pleine construction de leur maison, ce bébé n'est pas au programme de suite, mais l'annonce les remplit de joie et de bonheur.

Le premier trimestre se passe très bien : pas de nausée, pas de vomissement, une grossesse parfaite. Elle est suivie par un gynécologue qui est un ami de Pierre, le futur papa. Cette situation peut paraitre impensable pour des tas de mamans mais pour eux cela semble naturel que ce soit lui qui suive la grossesse.

Le 21 juin, on leur annonce que ce bébé est une petite fille. A ce moment-là ils sont un peu déçus car au fond d'eux ils sentaient que c'était un garçon. Comme beaucoup de futurs parents, ils ont multiplié les tests pour connaître le sexe du bébé, et tout semblait indiquer que ce serait un petit garçon. Les larmes de Morgane ont beaucoup coulé jusqu'à cette soirée du 21, fête de la musique où Pierre jouait et où il décide de dédicacer une chanson à sa fille… Dédicace qui va aider Morgane à accepter cette petite fille et à réaliser que ce petit être sera un vrai bonheur quel que soit son sexe.

Arrive enfin le rendez-vous du 2nd trimestre avec sa fameuse échographie morphologique, celle où les parents découvrent vraiment leur bébé.
Le gynécologue prend les mesures et constate que ce bébé est un peu petit mais il ne semble pas inquiet.
Par souci de sécurité et par acquis de conscience, il va les renvoyer vers un spécialiste des grossesses pathologiques pour avoir un second avis ; et il décide de mettre en place 2 fois par semaine un suivi avec une sage-femme pour une suspicion de pré-éclampsie.

Morgane va retenir le terme qu'elle ne connaît pas et va faire des recherches sur internet en rentrant chez elle. Elle découvre qu'il s'agit d'une maladie fréquente dans la grossesse qui va créer un mauvais échange entre le placenta et le bébé et qui ne lui permettra plus de grossir et de grandir normalement. Elle se caractérise par une élévation de la pression artérielle et de la quantité de protéines présentent dans les urines, de mouches devant les yeux, de bourdonnement dans les oreilles, d'œdèmes et de barres épigastriques.

Le rendez-vous chez le spécialiste se fait début septembre alors qu'elle est à 5 mois de grossesse.
Il va lui faire une échographie très poussée et confirmer le retard de croissance tout en précisant que ce n'est rien d'alarmant, mais en maintenant tout de même la mise en place de la sage-femme à domicile.
Ils sortent de ce rendez-vous à demi rassurés.

Le premier rendez-vous avec la sage-femme se fera 2 jours plus tard.

Le lendemain de ce rendez-vous, elle constate une barre épigastrique. Sur les conseils d'une amie elle va tenter de la calmer avec du Gaviscon mais la douleur ne passant pas, elle se rend à l'hôpital. Pierre pense qu'elle abuse un petit peu mais elle a besoin d'être rassurée donc elle y va tout de même (en pleine nuit, seule, pour ne pas déranger le futur papa si effectivement il n'y a rien d'alarmant).

En arrivant à l'hôpital elle explique sa douleur et on va la rassurer en lui disant que c'est normal, qu'elle est enceinte et que c'est un des nombreux maux qu'on peut ressentir. Ils vont lui donner un médicament qui va calmer la douleur et lui permettre de rentrer chez elle.

La journée se passe mais le lendemain soir, une nouvelle barre apparaît, l'inquiétude ressurgit et elle retourne à l'hôpital.
Elle est reçue par la même personne. Elle lui explique la situation, sa visite la veille et lui précise cette fois-ci que le gynécologue lui a parlé de pré-éclampsie et qu'on lui a mis en place un suivi avec une sage-femme.

On la prend en charge de suite et on lui prend sa tension. Elle est bonne mais le service médical décide de la garder en observation pour la nuit. Elle appelle Pierre pour lui dire qu'elle ne rentrera pas mais refuse qu'il vienne, lui expliquant que ça n'a aucun intérêt c'est juste une observation classique.
La nuit se passe dans des douleurs atroces, aucun médicament ne la soulage, même en réduisant le délai entre 2 prises et sa tension reste élevée toute la nuit.

Au petit matin, le gynécologue de service vient lui annoncer que son gynécologue a décidé de l'hospitaliser à la maternité Arnaud de Villeneuve à Montpellier (maternité de niveau 3, spécialisée en

grossesse à risque et en prématurité).
Elle appelle Pierre et ils décident de se rejoindre directement sur place. Elle ne prévient pas la famille, à ce moment là, personne ne sait qu'elle est hospitalisée.

Arrivée à Montpellier, on l'installe en chambre et on lui explique la procédure. On lui met en place directement un monitoring pour un 1er contrôle.

Très vite la gynécologue comprend que Morgane n'a pas conscience de la gravité de la chose et lui explique qu'elle va devoir rester hospitalisée jusqu'au terme. (Pour rappel, nous sommes à 5 mois de grossesse seulement).
Elle explique que la pré-éclampsie ne se soigne pas, qu'il n'y a aucun traitement, qu'elle ne s'arrêtera que lorsqu'elle aura accouché de son bébé, mais qu'il est encore trop tôt pour la faire accoucher.
Son objectif est de faire évoluer la grossesse au mieux, mais elle va être transparente avec elle en lui annonçant qu'elle ne lui donne pas 2 semaines avant d'accoucher.
A ce moment là, Morgane et Pierre prennent conscience que leur bébé sera une grande prématurée. Mais ne mesurent pas réellement la gravité de ce qu'il est en train de se passer réellement.
Elle sait qu'ils vont attendre que son corps soit en souffrance pour la faire accoucher, elle sait que ce bébé peut arriver du jour au lendemain, elle sait que cette situation n'est pas normale, mais elle ne mesure pas le danger qui tourne autour d'une telle situation (elle est dans une excellente maternité, elle ne verra pas son bébé partir dans une autre, pour elle tout ira bien).

Elle décide d'appeler ses parents qui arrivent en urgence (la maman de Pierre étant en voyage pour la première fois de sa vie à l'autre bout du monde, ils prennent la décision de l'informer de la situation qu'à son retour de vacances).
Le médecin va venir lui expliquer que le stade actuel est un « entre deux ».

Pour être viable, un bébé doit être entre 24 et 26 semaines et peser 500g. L'estimation de son bébé est actuellement à 600g (même s'ils gardent en tête que cela reste une estimation).
« 500g, un paquet de pates » comme elle me le résumera en souriant.
Ils décident de laisser le choix à Morgane de la suite à venir : la faire accoucher et accompagner au mieux ce bébé pour le faire partir sereinement ou bien la faire accoucher et lui donner toutes ses chances de s'en sortir.
Sans aucune hésitation, Morgane va choisir de lui laisser sa chance mais précisera qu'elle refuse l'acharnement thérapeutique.

Cette conversation, sa maman va y assister et elle va vite comprendre que pour faire accoucher de ce bébé, ils vont devoir laisser Morgane en souffrance un maximum, et en tant que maman, pour elle ce n'est pas concevable. Elle va chercher, en larmes, à raisonner sa fille mais pour Morgane il est impensable de sacrifier son bébé.

Pierre, un peu perdu par la situation, va laisser Morgane prendre la décision tout en comprenant son choix. La seule chose qu'il va réussir à exprimer est qu'il ne se sent pas capable de gérer un enfant avec des séquelles toute une vie (à ce moment là, personne ne sait s'il peut y avoir des séquelles et leurs degrés possible).

Pour la 1ere fois de sa vie Morgane se sent assez forte pour faire un vrai choix, elle ne pleure pas.
Nous sommes un jeudi.
Pierre est musicien, il est en fin de saison, il lui reste quelques concerts à assurer.

Le vendredi soir il part donc jouer son concert mais revient à l'hôpital juste après. Elle pensait qu'il rentrerait dormir à la maison au calme dans un vrai lit mais il ne se sent pas d'être seul à la maison et elle à l'hôpital.

La samedi, les examens qu'on lui fait ne sont pas bons : la tension est toujours haute, les protéines dans les urines toujours très présentes, les plaquettes chutent, le foie sécrète…
Ce soir là il a encore un concert, il part mais revient 10 min après expliquant qu'il a annulé car il ne le sent pas. Comme s'il avait ressenti que quelque chose allait se passer et qu'il devait être avec elle.
A ce moment là, Morgane n'est pas inquiète, elle pense juste qu'il prend conscience de la situation, qu'il est prêt à l'accepter et qu'il arrive enfin à s'impliquer pleinement.

Mais en réalité, la nuit qui va suivre va être atroce, des douleurs épigastriques à en pleurer et aucune solution ne fonctionnant pour réduire cette douleur. Ils vont vivre une nuit blanche : elle par la douleur et lui par son impuissance (au point d'aller hurler sur l'équipe médicale qui ne parvient pas à réduire cette souffrance, ne supportant plus de la voir dans cet état).

La douleur va passer au petit matin du dimanche.

La gynécologue vient alors lui annoncer que c'est le moment d'accoucher, qu'ils ne peuvent plus attendre au risque de perdre la maman.
On la prépare pour une césarienne en urgence.
On explique à Pierre qu'il ne pourra pas assister à la naissance mais qu'il pourra voir sa fille quand elle sortira de la salle, mais il refuse de la voir tant qu'on ne lui dit pas qu'elle va bien.

L'accouchement se passe très bien, on prend le temps d'expliquer chaque étape pour lui permettre de le vivre pleinement (sans qu'elle ne réalise vraiment ce qu'il est en train de se passer).
Elle va même pleurer ce qui est rare pour un si grand prématuré et qui va redonner une bouffée d'espoir à cette maman qui prend

conscience à ce moment là qu'elle a eu raison de lui laisser sa chance.

Mila est née le 18 septembre 2016 en fin d'après midi.

On lui présente rapidement sa fille avant de l'emmener en couveuse. Morgane me dira ne pas se souvenir vraiment de son visage à ce moment là.
On l'installe en salle de réveil 2h (sans Mila). Pierre la rejoint au bout d'une heure, blanc, les mains tremblantes, lui expliquant que par erreur on lui a présenté sa fille au détour d'un couloir alors qu'il marchait avec les grands parents et quelques amis. Il n'était pas préparé à ce choc et ne cesse de répéter qu'elle est minuscule.

Elle ne se rappellera en rien du reste de cette journée.

Le lendemain, elle peut enfin descendre voir Mila (le soir de la naissance elle ne pouvait pas à cause de la césarienne, mais Pierre est descendu pour lui faire des photos afin qu'elle puisse la voir).

Les examens se poursuivent pour elle, pour s'assurer que tout rentre dans l'ordre (ce qui est le cas, petit à petit).
Elle va descendre avec sa maman, Pierre étant en concert (sur les conseils de Morgane qui estime qu'il a besoin de s'aérer l'esprit).

En arrivant devant Mila, elle prend conscience à son tour de la situation : sa petite taille, les tuyaux, les bips incessants…
Les larmes vont couler sans pouvoir les contrôler (jusqu'à présent, aucune larme n'était sortie, comme un moyen de défense face à soi même, pour aider et protéger les autres).
Elle glisse ses mains dans la couveuse pour la toucher, geste considéré comme un soin pour le bébé.

Elle restera peu car elle est toujours épuisée de cette césarienne, elle remonte en chambre le cœur partagé entre la culpabilité de cette situation et le bonheur quand la puéricultrice lui annonce que Mila est une battante, que les taux s'améliorent petit à petit.

La journée se passera tranquillement avec la visite des amis.
Le mardi, ils rencontrent la cheffe de service qui les remet dans la réalité des choses : tout peut arriver, tout peut basculer d'une minute à l'autre, l'état de Mila s'améliore mais une rechute est possible, les poumons n'étant pas matures à ce stade et le clapet non fermé laissant un risque d'hémorragie.
Ils sortent de ce rendez-vous inquiets mais pas fatalistes : il faut attendre…
Dans la journée, on lui propose un peau à peau, mais l'équipe médicale refuse de la descendre, la jugeant trop fragile, et estimant qu'une transfusion sanguine est nécessaire.

Le mercredi 21 septembre, ils descendent déclarer la naissance de Mila, dans une joie non dissimulée. Ils repartent avec ce fameux papier qu'ils s'empressent d'envoyer en photo aux grands parents.

On leur propose de faire le peau à peau, et en arrivant dans le service c'est le moment des soins de Mila, soins auxquels ils vont pouvoir participer pour la première fois : laver son bébé dans la couveuse, changer la couche, la peser…
Puis on les installe pour le peau à peau, Morgane sera la première à prendre Mila.

On lui pose Mila délicatement et en une fraction de seconde, le temps s'arrête pour Morgane, dans une sensation de bien-être, de soulagement et de plénitude.

Au même moment, des amis arrivent en chambre, Pierre remonte pour les accueillir.

Morgane va rester 3h en peau à peau avec sa fille, l'infirmière diminuant le taux d'oxygène de Mila en expliquant qu'elle respire seule, que le peau à peau aide à réduire les besoins d'assistance.

Au bout de 3h, Pierre va descendre pour la chercher et ne fera donc pas de peau à peau.
En remontant en chambre, Morgane va raconter l'évolution de Mila, ces trois heures de bonheur.
Ses amis vont repartir, la laissant sur son petit nuage, envoyant les bonnes nouvelles de Mila à tout le monde.

Elle part se doucher, et constate en sortant un appel manqué d'un numéro inconnu. Appel dont elle ne prendra pas la peine de rappeler.
Le chef de service va venir en chambre et informer que l'appel manqué était le sien et qu'il faut descendre car l'état de Mila s'est aggravé.

Nous sommes seulement 1h30 après ce fameux peau à peau.

On lui propose un nouveau peau à peau qu'elle accepte de suite, se rappelant le bien que cela fait au bébé.

Mais Pierre remarque des changements et pose la question qui va tout chambouler dans leur esprit : Pourquoi ce tuyau est débranché, pourquoi cet appareil est éteint ?
La puéricultrice va alors annoncer que c'est la fin, que Mila est en train de partir.
C'est dans un cri de douleur qu'ils réalisent qu'ils sont là pour l'accompagner à ce départ…
Morgane va la serrer contre elle, Pierre va se rajouter à elles en les serrant à son tour.
L'équipe médicale a injecté un produit pour faire tenir le cœur de Mila le temps que ses parents arrivent et petit à petit le cœur va ralentir.

Ca y est, le cœur de Mila a cessé de battre, en ce 21 septembre

2016, à tout juste 3 jours.

La maman de Morgane va lui raconter, qu'au même moment, alors qu'elle est en train de préparer le repas, elle regarde son mari qui pleure et semble dans ses pensées. Elle va lui demander ce qu'il se passe et il va juste lui dire qu'il sent que quelque chose ne va pas…

Morgane et Pierre vont rester 20 min à pleurer (la puéricultrice pleurera avec eux, ce qui va toucher Morgane et se sentir considérée).
En sortant, elle a ce besoin de prendre l'air, d'aller se remplir d'air pur. Mais arrive ce moment tant redouté : devoir l'annoncer à la famille et aux amis, 2h après leur avoir annoncé que son état s'améliorait.

Morgane se rappelle de la réaction de son petit frère, âgé de 7 ans au moment des faits, qui venait de faire un dessin pour Mila et qui était triste de ne pouvoir lui donner.

Ses parents vont les rejoindre de suite, ainsi qu'un couple d'amis (qui étaient en train de fêter leur anniversaire) et ils vont passer la soirée à parler de tout et de rien, l'essentiel étant à ce moment là d'être juste ensemble.

Ils remontent en chambre et annoncent au personnel de l'étage que Mila est partie. Elle refuse son plateau repas mais demande un cachet pour dormir.
Ils vont dormir ce soir là tous les 2 dans le même lit, comme un besoin de se sentir unis.

Elle se rappelle encore de cette nuit de cauchemar qu'elle a vécu, à revivre le départ de Mila et à hurler sa douleur.

Pierre va la consoler comme il peut mais étant dans son quotidien un homme maladroit dans ses propos, il ne va pas déroger à sa propre règle et dans l'espoir d'apaiser la douleur de sa femme il va lui expliquer qu'ils auront un autre enfant et qu'il l'appelleront Mila.

Je vous laisse imaginer la réaction de Morgane qui dans sa plus grande douleur doit prendre en note que cette maladresse qui le caractérise n'est pas volontaire et qu'il cherche juste à l'aider. Malgré tout elle va s'énerver contre lui sur le moment mais va comprendre très vite la réalité de ses propos et le sens qu'il voulait leurs donner.

Le lendemain, la famille vient les voir à l'hôpital, et on propose aux parents de voir Mila en chambre froide. Pierre va refuser mais la maman de Morgane va éprouver le besoin de voir sa petite fille sans tuyau et c'est donc à 3 (avec une amie de la famille) qu'elles vont descendre la voir.

La journée va se continuer avec son lot de visites.
Le noyau des amis de Pierre vont rester, ils se seront organisés pour récupérer des tables, des chaises, pour commander des pizzas, pour acheter des boissons et ils vont installer le tout dans les jardins de l'hôpital afin de passer la soirée tous ensembles.

Ce moment restera gravé à jamais pour Morgane qui va prendre toute la mesure de leur amitié et qui va réaliser qu'elle ne pourra jamais leur rendre ce qu'ils sont en train de faire. Certains sont venus de Marseille, d'autres ont posé un congé pour être à leur côté, pour les soutenir dans ce moment si tragique de leur vie.

Ce soir là en remontant en chambre, Morgane demande au personnel du service de rentrer chez elle. Elle n'a plus aucune raison pour elle de rester ici : Mila est partie et sa santé va mieux, et elle va expliquer que psychologiquement c'est trop dur pour elle de rester dans cet hôpital.

Le lendemain on la laisse rentrer chez elle avec un suivi très intense et des examens à tenir.

On la fait suivre par un néphrologue afin de surveiller ses reins et de vérifier qu'elle n'a pas déclenché une maladie auto-immune qui pourrait être le déclencheur de cette pré-éclampsie. Elle ne me cachera pas qu'elle espère avoir déclenché cette maladie qui permettrait de faire exister une raison à cette tragique destinée. Mais il n'en est rien, tout est normal, tout va bien, cette pré-éclampsie est juste « la faute à pas de chance ».

Mila est incinérée le 27 septembre et ses cendres vont être répandues en Lozère dans le petit village où Pierre a passé les vacances de son enfance chez ses grands parents, et où il aime revenir chaque année. Elle est au même endroit que sa grand-mère, en haut d'une colline dans un champ avec une vue sublime sur une rivière.

On va lui demander d'attendre un an avant de relancer le projet d'une nouvelle grossesse. Temps nécessaire pour son corps mais aussi son esprit.

Pour se remettre de ce dénouement inattendu, chacun va vivre la suite à sa manière : Pierre va s'occuper au maximum grâce à cette maison, et Morgane va éprouver ce besoin de parler de Mila. Elle va passer de longs mois sur son canapé à ne rien faire. Jusqu'à ce que Pierre décide qu'il est temps d'avancer pour elle aussi afin de continuer à avancer à la même vitesse. Elle va pouvoir s'appuyer sur lui pour songer à sa reconstruction. Il l'aide à prendre conscience que rester inerte ne ramènera pas Mila, rien ne la ramènera… Ils doivent avancer.

Elle reprend donc le sport pour s'évader et reprend son travail. A l'époque elle travaille dans une des boutiques de prêt à porter de ses parents mais elle réalise vite qu'elle ne se sent plus à sa place.

Elle éprouve ce besoin de changer et on la bascule dans les bureaux, pour lui permettre de vivre un nouveau départ.

La construction de la maison se finit en décembre. C'est une période difficile pour eux car ils se sont projetés à 3 et ils doivent y vivre à 2. Chaque espace lui rappelle Mila car chacun d'eux avait été imaginé avec elle.

Le temps passe, un an s'écoule et son gynécologue (l'ami de Pierre) lui explique qu'il refuse de la suivre pour la prochaine grossesse car il s'est senti trop impliqué dans celle de Mila, il a eu trop d'empathie pour qu'elle puisse rester sa patiente.
Il lui demande d'être suivie par Arnaud de Villeneuve par sécurité.

Le 20 septembre, elle a son rendez-vous avec la gynécologue qui l'a suivie pour Mila. Elle est heureuse de la revoir avec un si joli projet.

Morgane est heureuse mais reste angoissée de revivre la même chose.
On la prépare au mieux pour cette grossesse avec une prescription d'acide folique et un traitement sous Aspégic, ainsi qu'un suivi mensuel durant toute la grossesse.

En décembre elle retire son stérilet et tombe enceinte en janvier 2018.
Le suivi est de suite mis en place.
Les échographies mensuelles se font par le spécialiste des grossesses à risque qu'elle avait eu pour Mila.

Une fois de plus c'est une grossesse parfaite, sans nausée, sans vomissement.
Le 2ème trimestre arrive et l'échographie est parfaite, bébé va bien, pas de retard de croissance perceptible.

Pierre découvre le sexe avant le gynécologue : il s'agit d'un garçon.

C'est un soulagement pour les parents qui sont persuadés au fond d'eux que si c'est un garçon le reste de la grossesse sera différent de la précédente.

A 30 semaines est mis en place la sage-femme à domicile pour un monitoring, la tension et le test des protéines, une fois par semaine.

A 34 semaines, ils passent à 2 visites de la sage-femme par semaine.

A 38 semaines, lors d'un monitoring, le cœur du bébé disparaît pendant un temps. En se basant sur ses antécédents, la sage-femme demande à ce qu'elle aille à Arnaud de Villeneuve pour un monitoring de contrôle. Elle part seule, sereine.

Arrivée sur place, le monitoring est parfait mais la sage-femme propose un déclenchement par sécurité, pour éviter de passer à côté d'une complication et la laisser repartir chez elle.

Pierre la rejoint avec les valises soigneusement préparées.
Ils décident de la déclencher par ballonnet, un déclenchement sans douleur (la méthode consiste à introduire une sonde souple en silicone dans le col de l'utérus. Une fois la sonde en place, un petit ballonnet est gonflé avec de l'eau au dessus du col, un second ballonnet est gonflé au dessous du col. Le ballonnet est en général laissé en place toute la nuit et enlevé au petit matin en salle de naissance pour réévaluation du col. Il aide à la dilatation).

A ce moment là, les grands-parents ne sont pas encore informés. Seule la sœur de Morgane est au courant car elle lui a annoncé la naissance de sa nièce et Morgane en a profité pour lui annoncé qu'il y aurait peut être 2 naissances ce jour même.
Le lendemain on lui retire le ballonnet. Elle est dilatée à 4 sans aucune contraction.

Elle averti ses parents et leur demande de ne pas venir pour le moment.

Lors d'un examen au monitoring, le cœur du bébé disparaît de nouveau. Quatre personnes vont s'affairer autour d'elle pour rechercher ce petit cœur perdu. Le cœur revient et remonte doucement. A ce moment là, on lui propose la péridurale par sécurité en cas de césarienne en urgence.
Vers 15h on lui pose la péridurale et on lui fait l'injection d'ocytocine. Les douleurs se font sentir petit à petit.

A 18h, ses parents arrivent malgré la demande de Morgane.

La journée se finit, la soirée passe, Pierre dormant à même le sol à côté de sa guitare qu'il avait prise pour pouvoir accueillir son fils en musique.

A 4h du matin le lendemain, elle est enfin à 10. L'accouchement se fera très rapidement, en quelques poussées.

Mano est né !

Aujourd'hui, Morgane a avancé dans le deuil de Mila. Elle a compris qu'elle n'était pas responsable et a cessé de se faire des reproches : elle lui a laissé sa chance de vivre mais son destin était autre.
Elle a pour souvenir une petite boite offerte par la maternité comprenant des photos de sa fille et ses empreintes.
Il reste encore un souvenir intense gardé dans un tiroir, souvenir d'un message d'un papa à sa fille qui pour le moment ne trouve pas sa place légitime, car le travail de deuil de l'un n'est pas forcément le même pour l'autre.

« Même si ça ne dure qu'une nuit, et qu'au matin la grâce s'enfuit, il faut savoir dire Merci. Merci à vous et à la vie de nous avoir permis de tenir dans nos bras notre petit ange Mila ».
Morgane & Pierre

MANDY

Mandy est une des femmes les plus joyeuses que je connaisse. Derrière cette femme au tempérament de feu se cache en réalité une maman qui a souffert pour devenir mère.

Mandy a essayé de tomber enceinte durant 6 ans. 6 ans de peurs, de stress et d'angoisses.
En 2004, après toutes ces années de tentatives, ils se lancent dans le parcours du combattant qu'est la PMA (procréation médicalement assistée).

Son gynécologue tente une première insémination artificielle après un traitement de Clomid de 2 mois. Malheureusement ce sera un échec.

Il décide de ne pas retenter d'insémination et de passer directement sur une FIV ICSI (injection intra-cytoplasmique). Il envoie donc le couple sur l'hôpital de Nîmes pour un premier rendez-vous de groupe.
Elle réalise alors qu'ils sont au moins 50 couples à avoir ce désir d'enfant.

Au rendez-vous suivant avec son gynécologue, il leur explique la procédure qui va être mise en place.

Les voilà partis pour des semaines de piqûres dans le ventre, qu'elle va apprendre à faire seule, tous les soirs à la même heure. Et une fois par semaine, elle doit faire contrôler ses ovulations.
Elle garde en mémoire la fatigue intense que cela provoquait mais son rêve de bébé était bien plus fort que cette fatigue.

Mentalement cela reste difficile, elle pleure souvent, surtout qu'elle est entourée de nombreuses femmes tombant enceintes à tour de rôle.

Quatre mois après le début du protocole, elle retourne à Nîmes pour la ponction des ovules. Elle est très angoissée, mais elle va se retrouver face à une équipe médicale rassurante et d'une gentillesse hors normes.
On lui explique que deux embryons ont pris, et on lui donne un calmant pour pouvoir lui implanter dans les meilleures conditions possibles.
S'en suivent 15 jours d'attente, 15 jours interminables d'angoisses et de stress.

Arrive le jour de la prise de sang. Il est 7h pétante quand elle se présente au laboratoire.
On lui demande de revenir à 13h pour récupérer les résultats, mais incapable de se déplacer, c'est par téléphone qu'elle va les demander, en suppliant le personnel de bien vouloir lui lire (sachant que tout le monde connait son long parcours et son histoire). La peur envahit son corps à l'idée de ce qu'elle va entendre et c'est un « c'est positif » qui va résonner au téléphone. Elle ne la croit pas et lui demande de répéter, puis s'effondre en pleurs, mais cette fois-ci de joie.

Après tant d'années de batailles, un petit être vit enfin en elle : elle est enceinte et va devenir maman…

Un seul des deux embryons a tenu, mais leur joie reste entière.

Mais la grossesse qu'elle va vivre va être aussi difficile que son parcours. A quatre mois et demi, elle ressent de fortes contractions qui vont la mener tout droit à l'hôpital où elle va rester un mois et demi, allongée sans avoir le droit de se lever.

L'objectif de l'équipe médicale est de la faire tenir jusqu'à 33 SA. Elle a des contrôles 4 fois par jour, afin de surveiller le bébé et malheureusement son petit cœur fatigue à cause des contractions et c'est à 32 SA qu'elle va accoucher par césarienne.

Nous sommes le 1er juin 2005, Indi vient de rejoindre les bras de sa maman qui a tant rêvé de lui, avec son tout petit 1kg650.

Après la séparation avec le papa, elle rencontre celui qu'elle pense (encore aujourd'hui) être l'homme de sa vie.

C'est un beau légionnaire (célibataire sans enfant) qu'elle a rencontré sur un site qui cartonnait : « Miss 84 ».

A cette époque, il était en mission et ils communiquaient via Messenger.

Au fur et à mesure de leurs discutions, elle se confie naturellement sur ses soucis de fertilité.

Le 21 juin 2008, à son retour de mission, ils se rencontrent enfin et ils ne se quitteront plus.

Au mois d'octobre, ses règles ne viennent pas. Elle a été prévenue par son gynécologue que la prochaine grossesse serait faite obligatoirement par un FIV donc elle ne se pose pas de question. Mais son compagnon lui dit en rigolant *peut être que tu es enceinte »*, ce à quoi elle va répondre qu'il faudrait un miracle.

Les jours passent et le 7 novembre (jour d'anniversaire de son papa), alors qu'elle travaille, elle ne se sent pas bien et décide de faire un test de grossesse, la peur au ventre (sur son lieu de travail afin de ne pas attendre et d'être rapidement fixée).

En moins d'une minute, les deux petites barres bleues s'affichent… elle est bien enceinte !

Tout se chamboule dans sa tête : comment va réagir le papa alors qu'ils ne sont ensemble que depuis quelques mois ? Comment vont réagir ses parents qui ne savent pas qu'elle est en relation ? Et surtout comment va réagir Indi ?

Et, à côté de ça, son cœur explose de joie car elle n'est pas censée pouvoir tomber enceinte naturellement.

Elle ne parvient pas à attendre le soir pour l'annoncer au papa, et décide de lui envoyer un message, et jusqu'à la réponse de celui-ci la peur et l'anxiété ne vont plus la quitter.

Mais sa réponse va se révéler magique *« Ecoutes, c'est à toi de voir, la seule réponse que je peux te donner, c'est que j'aimerai que tu le gardes et ne t'inquiètes pas, je serais le meilleur des papas ».*

Elle sait que la grossesse sera difficile, papa devant partir 5 mois en mission. Elle sait qu'elle va vivre sa grossesse seule, sa famille ayant du mal à accepter l'annonce (surtout sa maman).

A partir du 4ème mois de grossesse, tout se complique : elle a des monitorings 3 fois par semaine, son gynécologue suivant l'évolution de près.

Mandy est psychologiquement prête à accoucher prématurément, ou à aller faire un petit « stage à l'hôpital » comme elle me l'expliquera. Elle a déjà préparé ses valises par sécurité.

Fin avril, alors qu'elle se rend chez sa sage-femme, celle-ci lui demande de se rendre à l'hôpital en urgence, car quelque chose ne semble pas aller pour le bébé.

C'est le choc ! Elle rentre récupérer ses valises et prévenir le papa qui est à Djibouti, sans pouvoir lui en dire plus. Elle laisse Indi chez son papa, il a 3 ans et ça lui crève le cœur de devoir le laisser comme ça, si vite sans aucune explication réelle.

En arrivant à l'hôpital, on la met sous monitoring et on lui annonce qu'il est bien trop tôt pour accoucher, qu'elle doit tenir jusqu'à 36 SA (d'autant plus que pour le moment, le bébé est en dessous du poids normal).

Elle ne cesse de pleurer, la peur de perdre son bébé la tétanisant. L'équipe médicale est très à l'écoute et fait son maximum pour ne pas l'inquiéter. Mais Mandy ne sait pas ce qu'elle a, on ne lui explique rien.

Quatre fois par jour on lui fait un monitoring de contrôle.

Elle n'a plus de nouvelles du papa qui est parti dans le désert et n'a donc plus aucun moyen de contact.
C'est une période de solitude très difficile pour elle.

A 29 SA, lors d'un monitoring, ils constatent que la fréquence cardiaque du bébé ne va pas et que la tension de la maman est bien trop haute (elle tourne autour de 17).
On lui annonce qu'elle doit partir en césarienne en urgence car les deux vies en dépendent.
La peur de perdre son bébé et de ne plus revoir l'homme qu'elle aime l'envahit.

Nous sommes le 6 juin 2009, il est 12h23 quand Malone, sa petite crevette de 1kg620, vient agrandir la famille.
Elle n'a pas le temps de le voir, qu'il est déjà mené en service de néonatalogie d'urgence.
Mandy va s'en sortir grâce à une équipe médicale exemplaire qui va parvenir à la sauver de l'hémorragie dont elle souffre.
Elle ne va voir Malone que 3 jours après (le temps pour elle de se remettre). Entre temps, ses parents vont prendre des photos pour la faire patienter et pour montrer au papa par webcam entre 2 missions dans le désert, coupé du monde.

A sa sortie de l'hôpital, on va lui apprendre qu'elle a été hospitalisée en urgence car elle faisait une pré-éclampsie. Elle reste choquée qu'une telle annonce lui ait été cachée si longtemps.
A son retour à la maison, elle est suivie quotidiennement (deux fois par jour exactement) par une infirmière pour le contrôle de sa tension.
Elle est épuisée, et sa tension fait des siennes (plusieurs fois le SAMU va intervenir pour une tension à presque 18 avec des risques d'arrêt cardiaque).

A cela va aussi s'ajouter une infection du sein (elle n'allaite pas), avec 2 ganglions aussi gros qu'une prune sous les aisselles.

Elle doit suivre un traitement de 24h et aller aux urgences si cela ne disparaît pas.

Un mois après, tout est rentré dans l'ordre au niveau de sa tension et de son moral (le babyblues semble disparu), et le papa est rentré pour enfin rencontrer son petit garçon de presque 2 mois.
Le bonheur parfait est alors au rendez-vous.

EMMANUELLE

Dimanche 26 août 2001, Emmanuelle a 21 ans. Elle est en couple depuis maintenant 3 ans.

Même si elle a toujours su qu'elle serait maman tôt (sûrement dû aux générations précédentes dans sa famille qui ont fait de chaque femme, des mères très jeunes), elle n'envisageait pas la maternité si vite : elle est encore étudiante à l'université lorsqu'elle tombe enceinte. Mais son compagnon, lui, est plus âgé qu'elle et il veut un enfant rapidement…
Mais elle me confiera qu'elle va faire cet enfant dans l'amour le plus profond.

En ce 26 août, aux alentours de 9h, elle commence à ressentir de vives douleurs au ventre. Elle ne prend pas conscience immédiatement qu'il s'agit du début du travail ; ce bébé est son premier, elle est jeune, elle ne sait pas encore à quoi peuvent ressembler les contractions.
Elle réveille le futur papa et commence alors ce qu'elle va appeler *« une journée de panique »*.

À son arrivée à la clinique, on va l'ausculter et lui expliquer que le travail a commencé mais qu'elle a encore le temps puis on va l'installer en chambre… Seule (avec le futur papa)… sans aucune explication sur la suite, sans vérifier si elle se sent bien, sans savoir si elle a des questions…

Une sensation de solitude va s'installer et faire naître en elle une multitude de craintes : la peur de l'inconnu, la peur de ne pas réussir à donner naissance, la peur de ne pas être une bonne mère, la peur ne pas savoir quoi faire, cette impression ne plus avoir conscience de son propre corps…

Pour rappel, Emmanuelle n'a que 21 ans (elle se qualifie elle-même de merdeuse) et le futur papa a décidé que personne ne serait mis au courant avant la naissance de ce petit garçon tant attendu.
21 ans… et l'impossibilité d'appeler sa mère pour trouver du réconfort et des conseils.
21 ans… seule face à elle-même et à une suite d'étapes dont elle n'a aucunement conscience.
Dans son esprit, le corps médical sait ce qu'il faut faire contrairement à elle qui ne connaît rien de tout ça (bien qu'elle sente au fond d'elle que ce qu'il se passe n'est pas ce qu'il faut faire). Son jeune âge va la pousser à leur faire confiance et à ne pas chercher à s'écouter.

Les contractions ne cessent d'augmenter mais elles n'agissent pas sur la dilatation et le travail n'avance pas. de la chambre laissant la future maman en larmes. Nous sommes en milieu d'après midi et rien n'a bougé.
Une « *vieille sage-femme* » va venir dans sa chambre et lui dire, sans aucune délicatesse, de se détendre sinon elle finira en césarienne. Puis elle va ressortir.

Il faut savoir qu'Emmanuelle est une femme pleine de croyances. Et déjà à l'époque, elle vivait avec…
Elle était persuadée que pour être une femme (dans sa vrai féminité) il fallait être une bonne mère et pour être une bonne mère il fallait être parfaite et donc par déduction savoir tout gérer, avoir le contrôle sur tout, pour pouvoir accompagner son enfant dans sa réussite globale.

À ce moment précis, elle réalise que cette croyance elle ne pourra pas l'appliquer vu qu'elle estime ne pas être capable de faire son premier travail de maman : le mettre au monde. Cette sensation d'incapacité ne va plus la quitter. Comme un sentiment que son corps ne veut pas faire naître ce bébé, un sentiment de non contrôle d'elle-même…

On lui propose finalement l'injection d'un produit à base de morphine pour la détendre et permettre à son corps de faire son travail en limitant les angoisses de la future maman. (C'était en 2001, il est important de le rappeler). Ce produit va la rendre stone mais ne calmera pas ses angoisses et sa perte de confiance en elle.

La dilatation va finir par se faire. On la conduit en salle d'accouchement et on l'installe pour lui poser la péridurale. Une péridurale tellement surdosée qu'elle me racontera ne plus avoir de sensation du dessous des seins à la pointe des orteils.

Il est important de rappeler que l'accouchement est une sensation étrange pour une femme : une intrusion, comme elle l'explique avec ses mots, par un inconnu (ou plusieurs parfois même). Et vivre cette intrusion sans en ressentir aucune sensation reste choquant pour la jeune fille qu'elle est à l'époque.

Arrive le moment de la poussée, pour expulser ce bébé… son bébé !
Mais comment pourrait-elle pousser alors qu'elle ne ressent rien du tout.
Elle me parlera alors d'une sensation de vide interne.
Elle tente en vain de l'expliquer au gynéco qui ne trouve à lui dire que *« c'est un petit bébé alors cessez votre cinéma et poussez »*.

La sage-femme présente dans la salle va remarquer sa panique et décider de prendre le relais en appuyant sur son ventre à chaque contraction pour faire sortir ce bébé (appuyant suffisamment fort pour que le lendemain, Emmanuelle soit tuméfiée au ventre ; il y a les souvenirs de césarienne et le souvenir d'Emmanuelle…)

Ca y est, Anthony est né ! On le pose sur elle et là, les premiers mots qui lui viennent en tête sont : Qui est ce bébé ? D'où sort-il ? Elle n'a, en effet, aucune sensation d'avoir mis au monde son bébé. Elle ne sent toujours rien à part ses mains et son cœur…

Au delà de son poids surprenant (4kg040, on est loin du petit bébé annoncé par le gynécologue), Emmanuelle se retrouve en chambre avec un bébé qu'elle ne connaît pas mais surtout dont elle n'a pas la

sensation que c'est bien le sien.
Elle ne trouve pas le soutien et l'accompagnement dont elle a besoin en l'équipe de la Clinique ; juste une médicalisation intense pour lui enlever les douleurs qu'elle ressent.

Emmanuelle a 21 ans… et on vient de lui voler la naissance de son premier enfant. On a entaché son passage de pré-adulte à celui d'adulte.

Parce qu'une difficulté n'arrive jamais seule, elle se sent obligée d'arrêter son allaitement après seulement 1 mois et demi, face à ce manque de confiance en elle en temps que maman (cette certitude de ne pas savoir répondre aux besoins de son bébé). Au lieu de s'écouter elle et son instinct de mère, elle ne cesse d'écouter les conseils des personnes autour d'elle (tout en sachant que ce n'est pas ce qu'elle veut faire pour son bébé au plus profond d'elle même, mais ne trouvant pas la force de lutter face à tous ces conseils).

Emmanuelle est l'ainée d'une famille de 3 enfants, dont une sœur qui a 10 ans de moins qu'elle. Et cette petite sœur a exactement le même écart d'âge avec Anthony. Elément qui semble anodin mais qui va jouer son rôle dans son esprit de maman : Comment réagir comme une maman quand les regards dans la rue te donne l'impression que c'est ton petit frère quand tu te promènes avec ta maman, ta petite sœur et ton fils ?

Cette sensation que cet enfant est son petit frère et non son fils va rester présente un petit peu plus d'un an.
C'est une chute en vélo et un petit garçon en sang qui va permettre à Emmanuelle d'avoir un électrochoc et qui va donner naissance à la maman qu'elle était au fond d'elle (avec toutes les inquiétudes que cela comporte).

Aujourd'hui, Anthony a 18 ans, et il vient de quitter le cocon familial pour voler de ses propres ailes.

Aujourd'hui Emmanuelle entame une nouvelle vie : celle de devoir être une adulte sans être sa maman au quotidien.

ALEXIA

J'ai rencontré Alexia lors de sa séance photo à 8 mois de grossesse.

J'y ai découvert une femme douce et calme et rien ne pouvait laisser deviner son histoire.

Je me rappelle qu'à l'époque elle me l'avait raconté en résumé, car j'aime prendre soin des futures mamans que je reçois au studio, j'aime me consacrer pleinement à leurs émotions pour sortir le meilleur d'elle en image.

Alexia a 27 ans quand elle tombe enceinte : *« Un cadeau du ciel »*. Les 3 premiers mois se passent bien, malgré la fatigue (cette fatigue ressentie par quasiment la totalité des futures mamans). Elle est heureuse de voir son ventre s'arrondir.

Tout bascule au début de sa 17ème semaine de grossesse…
Tout bascule un lundi matin…
Nous sommes alors le 2 mai 2016.
Lorsqu'elle se réveille, elle ressent une vive douleur l'empêchant d'ouvrir les yeux, comme une violente brûlure. Nicolas, son conjoint vient rapidement lui mettre du sérum physiologique, pensant que ça aidera à supprimer la douleur mais rien ne semble fonctionner. Elle a la sensation de s'être renversé de l'alcool dans les yeux, comme elle me le racontera.
Non seulement la douleur ne passe pas mais elle semble même

s'accentuer. Du coup, sans hésitation, elle prend la route (accompagnée de sa maman) en direction de l'ophtalmologiste qui la reçoit en urgence mais qui l'envoie directement aux urgences ophtalmique de l'hôpital (sans lui expliquer ce qu'il se passe). Sur la route, elle ressent le soleil qui se lève à travers ses paupières, cette clarté la gène et l'empêche d'ouvrir les yeux.

Après 2h d'attente (dans le noir), le docteur B à qui elle a été adressée par son ophtalmologue la reçoit. Et c'est dans un long silence qu'il l'ausculte.

Le verdict tombe : Il s'agit d'une perforation de la cornée sur l'œil droit suite à une inflammation. On lui explique qu'il va y avoir toute une série d'examens plus poussés pour contrôler s'il doit y avoir opération ou pas.

Le choc… Tout s'entremêle dans sa tête : Pourquoi ? Comment ? Qu'en est-il vraiment ?
La sensation d'être totalement perdue laisse place à sa principale angoisse : son bébé… Comment va t-il ? Quelles seront les conséquences pour lui ? Comment va t-il vivre l'anesthésie ? Est ce qu'elle va pouvoir le voir un jour ? Etc.…

Elle appelle Nicolas, qui est au travail, tente de lui expliquer la situation mais les larmes l'empêchent d'être claire dans ses propos et c'est sa maman qui va prendre le relais malgré sa voix tremblotante.

S'en suit cette longue série d'examens (scanner, radio, prises de sang) pour préparer l'opération qui aura lieu le lendemain, faute de place au bloc opératoire le jour même.

Pour stopper « l'hémorragie », on lui pose une lentille de contention, en attendant l'opération, qui a pour objectif de mettre un pansement afin de colmater le trou. Le docteur lui explique qu'elle soupçonne une maladie auto-immune qui se serait accélérée avec les hormones de grossesse.

Une fois la lentille posée, il lui faut mettre des gouttes de corticoïde toutes les 30 min, et prendre également de la cortisone par voie orale.

Elle commence à pouvoir ouvrir les yeux, elle y voit flou mais elle y voit. La douleur est moins intense, la cortisone fait son travail.

On lui annonce que demain avant l'opération, elle pourra voir son bébé lors d'une échographie de contrôle.

Le lendemain, on la descend à la maternité et on l'installe pour son échographie. Elle peine à trouver sa respiration (à 17 semaines, elle n'avait pas vraiment senti son bébé bouger, rien pour la rassurer sur son état de santé). Lorsqu'elle entend le cœur de son bébé elle réalise qu'il va bien et semble soulagée… Il n'a pas été impacté par cette maladie, mais les questions qu'elle avait en tête ressurgissent d'un coup.

Une heure après, elle part au bloc opératoire, avec une peur indescriptible. L'anesthésiste vient la questionner et fini par lui faire des remarques sur le fait que son ventre est petit pour 17 semaines. La chirurgienne arrive à son tour. Elle est enceinte aussi, ce qui rassure Alexia, qui se sent comprise au plus profond d'elle même. Elle la rassure et lui explique qu'en 2019, les produits injectés ne sont pas nocifs pour le bébé et qu'il va dormir en même temps qu'elle, la seule différence étant qu'il mettra un petit peu plus de temps à se réveiller.

L'opération passe, et 4h30 après, la chirurgienne monte en chambre pour retrouver sa famille et leur expliquer que l'opération a duré le double de temps prévu. En effet la plaie était bien plus profonde qu'attendu, il y a un risque que le pansement ne tienne pas et qu'une greffe de cornée devienne nécessaire. Au même moment, Alexia dort, et elle leur demande de ne pas lui en parler, étant déjà trop angoissée.

Alexia se réveille lentement (elle se rappelle encore la fraicheur de la salle, le bruit des machines autour d'elle et le tensiomètre qui la contrôle régulièrement).

Elle essaye d'ouvrir les yeux mais la douleur et cette sensation de poids sur l'œil l'en empêchent. L'infirmière vient lui dire qu'elle est en salle de réveil, mais ne la rassure pas sur son état ce qui va augmenter son inquiétude. Elle lui demande d'ouvrir les yeux, Alexia n'y arrive pas et là c'est une crise d'angoisse qui se met en

place (elle a le souffle bloqué, elle ne parvient plus à respirer et panique). Elle lui attrape la main et l'aide à reprendre sa respiration, à se calmer. Mais une nouvelle crise revient, elle se raidit, elle est dans le noir, incapable de bouger, sonnée par l'anesthésie.
Elle ne lui lâchera la main que lorsqu'elle sera de nouveau calme, prête à remonter dans sa chambre.

En arrivant dans sa chambre, un peu après, les premiers mots qu'elle va entendre seront *« elle est là »* au doux son de sa maman. Ils vont devoir alors lui mentir, lui dire que l'opération s'est bien passée et qu'elle doit maintenant se reposer.

Quelques heures après, on lui fait un examen post opératoire et on la mène par la suite dans le bureau du docteur B (dans un sentiment assez flou que quelque chose ne va pas).
Alexia se refuse de croire que l'univers peut lui ôter la vue alors qu'il vient de lui permettre de donner la vie.

Elle l'examine longuement (trop pour la rassurer), et lui expliquera le lendemain, que le pansement posé ne semble pas suffire et que l'hémorragie est repartie de nouveau, qu'il faut sûrement réopérer mais qu'à ce moment précis elle n'en est pas encore sûre (aujourd'hui elle est persuadée qu'elle a attendu le lendemain pour la préserver d'une nouvelle crise d'angoisse).
Devant l'agacement d'Alexia qui sent bien qu'on la mène en bateau, elle décide de tout avouer (le mensonge véhiculé par sa famille à sa demande, l'échec de la 1ère opération) ; et lui fait un dessin pour lui expliquer en quoi consiste la greffe qu'elle va subir.

En simultanée de cette explication, elle fait une demande à la banque nationale de dons d'organes. Alexia se rappelle avoir entendu une demande de greffon de bonne qualité et d'une certaine taille. Elle se souvient avoir été surprise de la procédure de demande.
Une fois raccrochée, elle lui annonce qu'il faut attendre seulement quelques heures pour le recevoir et ainsi prévoir l'opération.
Alexia comprend qu'elle va avoir en elle, un bout de quelqu'un d'autre (*« comme dans Grey's Anatomy »* me dira t-elle).
Puis elle reprend l'explication et à ce moment là, Alexia sent des bouffées de chaleur, sa gorge se serre. Plus les secondes passent plus elle a chaud, plus la voix du docteur lui semble loin. Elle

commence à ne plus sentir ses jambes (comme une sensation de quitter son corps et de voler au dessus).
Elle a juste le temps de prévenir le docteur qu'elle fait un malaise, pour qu'elle s'effondre dans les bras de celle-ci qui réagit très vite.
Elle va revenir à elle et on la remonte en chambre pour un peu de repos.

L'opération a lieu quelques heures plus tard (le temps de l'arrivée du greffon), dans la panique la plus totale à l'idée de ne peut être plus jamais les revoir.

L'anesthésiste choisi de la prévenir, juste avant de procéder à sa partie du travail, que la chance que son bébé survive à 2 opérations si rapprochées est minime.
Dans la panique, Alexia ne veut plus, elle veut sortir de là…
Un vrai dilemme se pose à elle : se sauver ou sauver son bébé…
Dilemme évident pour les docteurs : on sauve la maman avant le bébé…
C'est donc dans cet état d'espoir et d'angoisse que l'opération est déclenchée.

À son réveil, elle est très anxieuse et ne pense qu'à son bébé.

On la remonte en chambre et c'est de nouveau la voix de ses proches qu'elle entend en premier… Elle ne les voit pas, ses yeux sont toujours fermés, mais ils sont toujours là : sa maman, son papa et Nicolas (elle ne peut les voir mais a ce besoin de se sentir rassurée après la violence de ses crises d'angoisses. Elle réclame son papa qui lui répond d'une voie quasiment sanglotante *"je suis là"*)

Il est 21h et la nuit qui va suivre va être un relais permanent d'infirmières qui vont venir mettre des goutes dans ses yeux.
Elle se souvient de ces douleurs insupportables que le Doliprane (seul médicament compatible avec sa grossesse) ne parvenait pas à calmer.

Le lendemain matin, elle n'attend qu'une seule chose : l'échographie de contrôle. Bébé va bien, son petit cœur bat… Et ce son devient la plus belle des choses.

Une semaine d'hospitalisation va suivre, dans le noir le plus total, pour éviter tout risque de poussière. Une semaine difficile, rythmée par des examens, des gouttes et les angoisses que tout cela va créer.

Mais une seconde bonne nouvelle arrive : la greffe a pris, l'opération est une réussite !

Ils l'autorisent à sortir une semaine après, mais les conditions de vie sont difficiles : elle doit rester dans le noir complet, trouver quelqu'un de disponible pour lui mettre les gouttes, maintenir la coque sur les yeux pour éviter les poussières. Elle est placée sous cortisone à haute dose, elle doit suivre un régime très stricte sans sel ni sucre (autant vous dire que tout cela rajouté aux différentes interdictions que subit la femme enceinte, il ne reste plus grand chose d'agréable à manger), une visite à l'hôpital toutes les 48h le 1er mois puis tous les 3 jours par la suite jusqu'à l'accouchement. Difficile d'imaginer que pour un si petit organe, il puisse y avoir 30 points de suture à enlever au fur et à mesure de la cicatrisation.

Du fait de la prise intense de cortisone, on lui annonce un gros bébé… Une fois de plus, la nature en décide autrement : à 6 mois de grossesse, bébé ne prend plus de poids… En surveillance, il est mis en place une échographie toutes les 2 semaines et c'est le jour du début de sa 36ème semaine que le petit Rafael arrive pour les combler de bonheur (accouchement compliqué car il lui restait des points et qu'il était dangereux de pousser, mais c'est bien par voix basse que bébé est venu au monde, grâce à une sage femme qu'elle va qualifier de *« fantastique »*).

Le 20 septembre 2016, sa vie prend un nouveau tournant, mais cette fois ci dans les larmes de bonheur.

Aujourd'hui, c'est un traitement à vie qu'Alexia doit prendre, mais elle a pu mettre un nom à ce mal qui ne lui a pas permis de vivre une grossesse comme les autres, une grossesse dans la paix et la sérénité, une grossesse où on se concentre sur le futur bébé pour lui apporter tout ce dont il a besoin pour bien évoluer ; ce mal connu sous le nom « d'Ulcère de Moreen ».

On ne guérit jamais d'une maladie auto-immune. On vit avec, en faisait le nécessaire pour vivre comme si tout était normal.

Aujourd'hui, Rafael va bien, c'est un petit garçon en pleine forme.

Elle restera éternellement reconnaissante envers ses parents et bien entendu Nicolas, pour leur bienveillance, leur soutien, leur compréhension et toutes les petites attentions qu'ils ont eu durant cette épreuve.

Et si elle avait écrit elle même son histoire, elle l'aurait sûrement terminée par un énorme MERCI.

LESLIE

Leslie est une maman de 29 ans.

Avant de tomber enceinte de sa fille, il y a 6 ans, elle fait une fausse couche qui lui laisse de grandes séquelles.

Lorsqu'elle tombe enceinte pour la seconde fois, elle a un fort désir d'allaitement, mais n'ayant aucune connaissance sur le sujet, elle se documente comme elle peut et cherche les réponses à ses questions dans des livres et des articles sur le net.

L'accouchement est difficile (difficulté pour pousser, entourée d'une équipe qui n'encourage pas et qui va pratiquer une épisiotomie sans prévenir) mais Maëlly voit le jour le 22 mars 2013.

Quelques complications vont se rajouter à cet accouchement marquant : un thrombus vaginal qui va lui créer des douleurs insoutenables, avec obligation d'être gazée pour pouvoir supporter les soins prodigués).
Malgré des conseils en lactation par l'équipe médicale, elle ne va réussir à l'allaiter que 2 mois et demi (un pic de croissance non perçu qui lui donne l'impression de ne plus avoir assez de lait et qui la pousse à passer au lait en poudre).

Avec le recul, elle ose dire qu'elle a surprotégée sa fille (sûrement dû à sa précédente fausse couche), ce qui ne va laisser aucune place au papa durant la 1ère année.

Au bout de quasiment 2 ans, le papa éprouve le désir de faire un second bébé, désir non partagé par Leslie qui ne se sent pas prête (elle suppose un besoin de profiter de Maëlly encore un peu).

Quatre ans passent et le désir de Leslie se réveille. Elle sent que c'est le bon moment pour agrandir la famille.
La grossesse est difficile, elle est très malade et finit les derniers mois, alitée.
Pour compenser cette grossesse difficile, elle va vivre un accouchement parfait même si les douleurs sont incroyablement douloureuses (elle confiera ne pas se souvenir avoir autant souffert pour son premier accouchement).
Durant sa grossesse elle se met en tête qu'elle n'allaitera que si ce bébé est une fille (elle n'explique pas ce choix ; mais au fur et à mesure de l'avancée de la grossesse elle va changer d'avis et décider qu'elle allaitera quelque soit le sexe).

Louka va les rejoindre le 13 février 2018.

Elle va consulter une conseillère en lactation pour réussir son allaitement, et grâce à ses conseils et à la présence de sa sage-femme, elle va allaiter Louka 16 mois.

L'arrêt de cet allaitement va se faire naturellement, à la demande du petit garçon, et c'est une maman en manque de ce lien qui va devoir accepter cette décision.
Deux mois après, elle me confie être toujours en manque de cet allaitement, de ce lien si particulier.

Depuis la naissance de Louka, le lien avec Maëlly est compliqué, la jalousie du temps passé avec ce bébé a créé une distance ; distance qui a permis au papa de créer un lien avec sa fille.

Leslie souffrant de cette situation décide d'instaurer des moments à 2 pour se retrouver.

Aujourd'hui, elle ose faire le bilan de sa situation : elle n'a plus la patience pour supporter tout ce que nos enfants peuvent nous faire vivre en une journée, elle s'énerve vite et hausse le ton dès que ce qu'elle demande n'est pas fait comme il faut.

Elle est actuellement en pleine remise en question sur elle-même. En tant que maman, on cherche toujours à être la plus parfaite possible et il est difficile pour elle de devoir admettre qu'elle n'est pas la maman qu'elle aimerait être.

K.

L'histoire de K. commence un lundi 3 juillet, lors de son dernier rendez-vous chez le gynécologue. Celui-ci décide de lui faire un décollement des membranes dans le but de la délivrer des douleurs de grossesse qu'elle subit. Il est brut et ce décollement est un échec. Sachant que le lendemain elle a rendez-vous chez sa sage-femme, il lui demande de faire intervenir celle-ci pour terminer le décollement qu'il n'a pas réussi.
A 11h le lendemain, la sage-femme réalise le décollement et l'informe que son accouchement interviendra d'ici 48 à 72h.
L'après midi même à 15h, les contractions commencent et, accompagnée de son conjoint, ils décident de partir aux urgences. Bien que les contractions soient présentes on l'informe que pour le moment, celles-ci n'ont aucun impact sur l'ouverture du col.

La sage-femme qui la reçoit exprime son étonnement quand à la réalisation du décollement étant donné les risques que cela implique. En effet, K souffre de myasthénie auto-immune, une particularité augmentant les risques de détresse respiratoire du bébé à la naissance.
Elle rentre donc chez elle.
3 nuits blanches vont s'en suivre, 3 jours et 3 nuits de faux travail.

Ayant suivi des cours de sophrologie, elle sait qu'elle doit être détendue pour aider son bébé à bien vivre les contractions, mais c'est une maman stressée et très tendue qui fait face à un début de travail difficile.

K. commence petit à petit à culpabiliser de ne pas parvenir à gérer son anxiété face à la situation, elle craint que son angoisse n'aide pas son bébé à arriver sereinement.

Dans la nuit de jeudi à vendredi, ils retournent aux urgences.

A leur arrivée, après l'avoir été examiné une douce sage-femme lui propose d'installer une péridurale pour soulager la douleur et ce malgré la dilation ayant à peine débuté.

Malheureusement elle arrive au même moment que le changement d'équipe, et cette gentille sage-femme va être remplacée par un sage-femme (un homme, le seul de la maternité) qui va refuser de lui faire poser.

Il lui demande de revenir 2h après ; 2h durant lesquelles elle doit provoquer la dilatation.

Elle repart chez elle, se sentant incomprise et anéantie par cette décision.

Elle arrive chez elle, prend du Spasfon et tente une douche chaude pour soulager la douleur grandissante. C'est lorsque JL. va découvrir sa compagne sur le lit, recroquevillée de douleur, qu'il décide de retourner à la maternité, déterminé à ce qu'on s'occupe réellement de sa femme.

En arrivant, le sage-femme les reçoit et les installe directement en salle de naissance. Elle est dilatée à 3 et il appelle l'anesthésiste pour lui faire poser la péridurale.

Dans la foulée, il donne le dossier à une autre sage-femme et son élève (pour le plus grand soulagement des futurs parents).

A 13h, on lui pose enfin la péridurale, mais surdosée pour son poids.

K. s'endort.

En fin d'après midi, le cœur du bébé faiblit, et l'équipe constate qu'il a changé de position : il est en OS (mauvaise position de la tête).

K fait son maximum pour faire bouger son bébé et elle parvient enfin à le placer dans une position idéale pour son accouchement.

A 22h, la dilatation est enfin complète. Néanmoins la péridurale ne semble plus fonctionner face aux violentes douleurs qui prennent le dessus.

23h45, on lui demande de s'installer sur le dos pour commencer à pousser (afin d'aider son bébé à mieux vivre les contractions elle était allongée sur le côté).

Elle va pousser durant 35 interminables minutes.

Sans même la saluer ni lui parler, un gynécologue entre dans la salle de naissance avec du matériel. K comprend que quelque chose ne va pas, ce silence la fait paniquer et le médecin préfère la réprimander que la rassurer sur la situation.

Il va enfoncer les spatules sans même la prévenir, et c'est dans un hurlement à la mort que K. va les recevoir.

Bébé est en souffrance, il faut le faire sortir en urgence.

On lui remet les spatules une seconde fois, et on lui injecte une nouvelle dose de péridurale.

Malgré le fait qu'il n'y ai plus aucune contraction, elle décide de pousser quand même.

S. vient de naître, nous sommes le 7 juillet 2017, il est 00h43.

On lui pose rapidement et très vite elle remarque qu'il est bleu, que quelque chose ne va pas.

La pédiatre le récupère et le mène en service de néo-natalité, accompagné du papa.

Pendant ce temps, elle délivre le placenta et lorsqu'elle entend « comme le bruit d'une flaque » elle réalise que c'est son sang qui vient de tomber.

Au même moment, S. revient avec son papa. Alors qu'elle l'a sur elle, elle sent qu'elle fait un malaise. Dans la précipitation, elle supplie JL. de le récupérer, de peur de le faire tomber.

Sa tension est à 8, on lui prend une seconde fois, elle n'est plus qu'à 6. Tout le monde s'affaire autour d'elle et en moins de temps qu'il n'en faut, elle se retrouve seule dans cette pièce. Seule sans son compagnon, sans son bébé, sans personnel médical.

Elle va y passer 2 longues heures.

La sage-femme revient et lui explique ce qu'il s'est passé : S. avait un double cordon autour du cou.

Pour K., cela revenait à dire qu'elle étranglait sans le savoir son bébé à chaque fois qu'elle tentait de pousser.

Et c'est une maman traumatisée et rongée par la culpabilité qui s'effondre en larmes en me le racontant.

Elle ne verra S. qu'à 5h30, ne réalisant pas que ce bébé est bien le sien.

Elle va s'endormir 1h et sera réveillée par l'équipe qui lui mène le petit déjeuner.

De ce moment, elle ne cessera plus de pleurer.

S. n'aura pas de tétée d'accueil, il va passer 5 jours en service de néo-natalité. K. va rester avec lui (et elle se souvient particulièrement de cette première nuit où on ne lui a pas accordé de chambre, où elle a dormi sur un lit de camp, alors qu'elle venait d'accoucher).

L'allaitement va avoir du mal à se mettre en place, la montée de lait se faisant tardivement (mais elle se fera grâce à l'aide d'une sage-femme qui est venu tous les soirs l'aider).

C'est en voyant les autres mamans sortir avec leurs bébés dans les bras après avoir accouché, que sa dépression commence.

Le retour à la maison est très compliqué ; l'allaitement épuisant et douloureux, la fatigue trop importante.

Un suivi avec un psychologue est mis en place mais elle ressent une énorme pression sur tout ce qu'elle peut faire et se sent mauvaise mère.

Les idées noires lui viennent même en tête.

Elle remonte la pente lentement, pour son bien être, celui de S. et celui de son couple.

Elle ne garde que peu de souvenir de la première année de vie de S. et compare son premier anniversaire à sa réelle naissance.

Elle utilise les photos prises pour se rassurer (en y voyant de la douceur et beaucoup d'amour).

Aujourd'hui, le lien qu'elle a créé avec S. est unique et intense, et elle est catégorique : « elle ne veut plus d'enfant ».

SANDRA

Sandra tombe enceinte en 2006. Elle vit une grossesse idéale, sans aucune nausée, ni complications.

Elle vit en réalité, la grossesse rêvée de toutes les femmes.

Lors de la visite chez sa gynécologue pour la 27ème semaine, elle l'ausculte, fait une échographie de contrôle et voit que leur petite fille est en siège.

Le contrôle se continue, bébé va bien et maman a bien profité de sa grossesse vu que la balance indique un joli 69kg500 (qui va grandement déprimer la future maman).

L'auscultation se termine, ils basculent au bureau où elle prend le temps de leur expliquer la situation et les possibles suites.

Si le bébé ne se retourne pas avant la prochaine visite, elle devra pratiquer une césarienne au plus tard 10 jours avant le terme. Il y a aussi la solution de retourner le bébé avec les risques que cela peut provoquer : cordon autour du coup, accouchement prématuré etc.

Elle refuse de prendre un quelconque risque pour retourner sa fille, mais elle est aussi terrifiée à l'idée de subir une césarienne.

Ils quittent le cabinet, effondrés par la nouvelle.

A ce moment là, ses rêves de mettre au monde sa fille naturellement disparaissent. Elle songeait à un accouchement sans péridurale, pour ressentir la douleur, autant dire que ce qu'elle s'apprête à vivre sera diamétralement opposé.

Elle passe ses journées à caresser son ventre, parler à sa fille pour lui demander de se retourner.

Arrive le rendez-vous du 8ème mois, qui confirme la position en siège du bébé.

La gynécologue leur explique la procédure et leur propose de choisir la date de naissance de leur enfant (la césarienne étant étant programmée).

Ils choisissent le 20 mars.

Le dernier mois de grossesse sera le plus long, Sandra comptant les jours restant avant l'angoisse de la césarienne et le bonheur de rencontrer sa fille.

Elle angoisse aussi de se retrouver seule, le papa n'ayant pas le droit de rester avec elle.

Lundi 19 mars 2007, il est 17h lorsqu'elle rentre en clinique. On l'installe en salle de préparation pour un monitoring de contrôle afin de vérifier s'il y a d'éventuelles contractions.

Une heure après, on la monte en chambre. Elle s'installe tranquillement pour profiter de cette dernière nuit sans elle.

Vers 21h, de violentes douleurs se font ressentir. Une aide-soignante vient lui faire un monitoring et le verdict tombe : le travail commence, ce sont bien des contractions.

Elle appelle la gynécologue de Sandra pour savoir s'il faut lancer la césarienne en urgence et celle-ci répondra que la césarienne aura bien lieu le lendemain matin.

Elle qui voulait vivre les douleurs d'un accouchement, elle aura au moins vécu les douleurs des contractions.

Elle va souffrir une partie de la nuit avant que les calmants fassent effet et lui permettent de dormir (elle qui voulait vivre les douleurs d'un accouchement, elle aura au moins vécu les douleurs des contractions).

Le lendemain, 6h, on la réveille pour qu'elle prenne sa douche afin de descendre au bloc à 7h30.

Elle arrive au bloc opératoire terrorisée à l'idée d'avoir une rachi dural qui pourrait la laisser paralysée.

Les infirmières vont faire le nécessaire pour la détendre et la rassurer.

C'est un vrai ascenseur émotionnel pour la maman, partagée entre son inquiétude face à la césarienne et l'impatience de rencontrer son bébé.

Il est 8h, elle est allongée et branchée de tous les côtés. Elle ne sent plus son corps en dessous de la poitrine. Tout le monde s'agite autour d'elle et sa gynécologue arrive enfin et lui explique ce qu'il va se passer. Elle déroule le rideau devant elle et disparaît derrière, ne laissant à Sandra que le son de sa voix comme repère.
Elle va prendre le temps de lui détailler chaque petite partie du corps de son bébé qu'elle sort : son petit bras, puis l'autre, une petite jambe, puis l'autre…
Il est 8h20, en ce 20 mars, Melissa vient de naître pour le plus grand bonheur de sa maman.
Elle l'entend pleurer, mais ne la voit pas. Elle s'effondre en larmes et lorsqu'elle tourne la tête, elle l'aperçoit dans les bras de la sage-femme. Elle lui approche pour qu'elle puisse la voir.
Ce moment reste gravé en elle. Elle est parfaite…
Melissa va poser sa petite main sur la joue de sa maman comme pour lui dire *« Je suis là maman, tout va bien »*.

Pour Sandra, c'est comme si son cœur s'était arrêté de battre le temps d'une seconde. Et depuis ce jour là, son cœur ne bat que pour elle…

ISABELLE

Je connais Isabelle, car je suis la photographe de sa fille. J'ai donc immortalisé le mariage, la grossesse et la naissance au sein de sa famille.

Je connais une Isabelle souriante, rayonnante et je dirais même solaire.

Je n'aurais jamais pu soupçonner l'histoire qu'elle allait me raconter avec autant d'émotion.

Elle va me confier avoir mis du temps à se poser, malgré le plaisir qu'elle prend à le faire, et va rajouter très rapidement qu'elle s'estime chanceuse par rapport à d'autres femmes.

Elle s'est mariée avec Daniel, il y a 33 ans, après seulement 1 an de relation.
Deux ans après, il souhaite agrandir leur famille mais elle ne semble pas prête. Elle veut des enfants mais réalise qu'elle a peur de l'accouchement (elle est aide-soignante et durant ses études elle a fait un stage en maternité à tout juste 18 ans et a vécu des accouchements dont certains très compliqués, voir même tragiques, ce qui semble l'avoir marquée plus que ce qu'elle pensait).
Mais ils se lancent et elle tombe enceinte.

A 7 mois de grossesse, on lui décèle une toxémie gravidique (appelée de nos jours pré-éclampsie), au hasard d'un rendez-vous chez son gynécologue où elle explique avoir pris 10kg en une semaine.

Elle va alors passer 45 jours en clinique sous surveillance intense de sa consommation hydrique et de sa tension (avec l'instauration d'un traitement afin de gérer l'hypertension ainsi que des bilans sanguins tous les jours pour contrôler les taux d'albumine, d'urée, de protéine et de sucre).

On lui prend la tension toutes les heures et on lui fait des monitorings très régulièrement pour surveiller le cœur du bébé jusqu'à la naissance.

Le plus dur à ce moment là, est la restriction des visites car pour elle sa famille est essentielle et elle a un grand besoin de proximité avec son entourage.

A 8 mois, le gynécologue ordonne un contrôle doppler pour connaître l'échange placentaire. A la vue des résultats, il réalise que les échanges ne sont plus assurés correctement (depuis apparemment le 7ème mois) et qu'il est essentiel de faire naître le bébé pour sa survie.

Le déclenchement est programmé pour le lendemain, le 4 février 1989, à 8h.

Isabelle est très stressée. Son gynécologue la connaît bien et lui propose un sédatif pour l'apaiser.

Ce qui la fait dormir pendant le déclenchement, et c'est Daniel qui surveille le tracé des contractions et il ne comprend pas comment il est possible de ne pas réagir face à l'intensité des contractions.

Malheureusement, le cœur du bébé ralentit de plus en plus.

Il part chercher l'équipe médicale qui décide d'arrêter le déclenchement.

Le gynécologue décide, après une demi-heure d'interruption, de remettre le travail en route, mais le cœur du bébé souffre de nouveau, et une césarienne d'urgence sous anesthésie générale est lancée (du fait de la gravité, une césarienne sous péridurale n'est pas envisageable).

Jennifer naît avec une souffrance fœtale du haut de son petit 2kg080 (mais elle va bien dans l'ensemble).

Isabelle n'imaginait et n'envisageait pas de naissance par césarienne et son gynécologue connaissait son vœu. Celui-ci, se trouvant très embêté face au tableau critique lors de l'échec des deux déclenchements, n'avait pas le choix et, elle, consciente de la probabilité de perdre son bébé, n'a pas hésité à donner rapidement son accord pour la césarienne.

Isabelle est une maman frustrée de ne pas avoir vu son bébé à la naissance, de ne pas l'avoir senti sur elle, mais le pire va être l'annonce à son réveil, du transfert en hôpital, car il lui sera impossible d'aller la voir les premiers jours en raison de sa propre santé fragile.
Sur place, Jennifer est entourée d'une équipe au top qui fera une photo au polaroid à chaque visite de papa pour pouvoir lui montrer afin de la faire patienter (le téléphone portable n'existe pas en 1989).
A cette souffrance va se rajouter une infection urinaire contractée lors de la pause d'une sonde obligatoire pour la césarienne, ce qui lui a laissé une fragilité qui provoque régulièrement des infections encore aujourd'hui.

Il lui faudra attendre 12 jours pour pouvoir aller voir sa fille (12 jours à attendre que sa tension ainsi que les taux surveillés aux bilans sanguins redescendent).
Le peau à peau n'existant pas, ce sera avec sa blouse qu'elle va pouvoir prendre Jennifer dans les bras (avec juste la voix et le toucher de ses mains pour la rassurer et commencer à tisser ce lien indispensable).
A la sortie de clinique d'Isabelle, Jennifer va rester encore hospitalisée en service de néonatalogie.

Durant 5 jours, elle devra la laisser et rentrer chez elle avec cette sensation de vide, de manque, en ne pouvant la voir qu'une heure par jour (temps autorisé à l'époque).

Elle va avoir la chance (comme elle le dit) de pouvoir s'occuper de sa fille un an à la maison et de pouvoir, grâce à cette présence, colmater la brèche du départ de sa vie.
Jennifer va être suivie de très près durant sa première année et elle va très bien évoluer (elle marchera à 9 mois et demi, aura 4 dents à 11 mois, va faire une intolérance au lait à 3 mois et donc va très rapidement passer à la diversification alimentaire).
C'est une enfant rarement malade et adorable.
(Malheureusement, Jennifer devra vivre deux fois la toxémie car, une fois adulte, elle développera la même pathologie que sa maman lors de sa première grossesse).

Alors que Jennifer n'a que 3 ans, l'envie de faire un second bébé grandit.

Isabelle est enceinte de ce bébé lorsqu'elle chute sur son lieu de travail (une maison de retraite) et elle contracte également une bactérie.
Elle se sent mal et en fait part à son gynécologue en lui expliquant qu'elle ressent quelque chose d'anormal (elle sent que le bébé ne bouge pas normalement, ce qui l'angoisse). Sans aucune empathie, il va juste lui dire qu'une nouvelle échographie sera payante. Et c'est choquée d'un tel propos, qu'elle décide d'attendre l'échographie du 2nd trimestre (prévue quelques jours plus tard).

Le jour J arrive, Daniel est là, bien entendu, et les parents d'Isabelle aussi (sa maman sait qu'elle a un sixième sens pour ressentir les choses et préfère être présente par sécurité).
L'échographe propose aux grands parents de rentrer en salle afin de vivre l'échographie en famille.
Au cours de l'échographie, il leur demande le nom de leur gynécologue et s'absente pour aller l'appeler. A ce moment là,

Isabelle sait que quelque chose ne va pas et qu'elle avait raison de s'inquiéter.

A son retour, il leur explique qu'il va terminer l'échographie et qu'en sortant, ils ont rendez-vous avec leur gynécologue qui leur fera lui-même le bilan.

En sortant, ils sont reçus par celui-ci, qui leur explique que la paroi abdominale n'est pas fermée et que les organes de leur bébé sont à l'extérieur.

Mais ils peuvent maintenir la grossesse car certains enfants survivent à l'opération réalisée à la naissance. Il leur propose également de les mettre en rapport avec des parents ayant vécu la même pathologie. Malheureusement, le souci n'est pas que la paroi, il y a aussi une hydrocéphalie avec un handicap physique et mental. Pour eux il est impensable de continuer la grossesse et de prendre le risque de mettre au monde un bébé handicapé qui, un jour, se retrouvera seul quand eux auront fermé les yeux. Ils demandent donc l'avortement thérapeutique.

Ils ont un délai légal de réflexion imposé par la loi française, mais leur décision est prise, cette grossesse n'ira à pas à son terme ; et ils souhaitent que l'avortement soit réalisé avant les 6 mois afin de ne pas avoir à déclarer ce bébé auprès de l'état civil et ne pas devoir procéder à son enterrement (Isabelle ne se sent pas assez forte pour vivre ces étapes).

La décision est respectée par le gynécologue et l'avortement thérapeutique est mis en place (3 pilules à prendre au domicile pour « tuer » cet enfant ; elle va très longtemps souffrir de cette pleine responsabilité qu'on demande d'assumer en effectuant la procédure au domicile et non accompagné par un professionnel).

La première pilule lui met le doute sur l'acte qu'elle est en train de se préparer à faire, mais très vite la réalité de la suite à venir la remet sur le bon chemin et elle va prendre les 3 pilules en suivant les procédures imposées.

3 jours après (une pilule par jour), elle rentre en clinique pour accoucher de ce bébé mort…

On lui déclenche le travail le matin même et il va s'en suivre 3 jours et 3 nuits d'une souffrance insupportable (à tel point que son mari, sa maman et par la suite son papa finiront par ne plus supporter de la voir dans cet état de souffrance inimaginable, qu'elle ne souhaite à personne).
Elle va hurler le nom de son gynécologue et l'équipe médicale va finir par l'appeler. Il entend ses hurlements à travers le téléphone et décide de venir la voir au petit matin.
Elle sait que si elle demande l'arrêt du déclenchement, cela engendrera une césarienne de nouveau, et sur un utérus cicatriciel, cela pourrait provoquer la perte de l'utérus.

Lorsque le gynécologue arrive, elle est à 39° de fièvre, son corps sature de douleur, il demande alors une péridurale pour la soulager. L'anesthésiste refuse tant que la température ne descend pas, ce qu'ils vont réussir à faire en un temps record. Il fait un bilan sanguin puis accepte une seule injection sans pose de cathéter.
15 minutes après l'injection, Isabelle passe d'une dilatation de 3 à 10 (le gynécologue aura à peine le temps de descendre manger qu'il est obligé de remonter).

Isabelle refuse de vivre l'accouchement et de voir son bébé ; et demande donc à être endormie. Elle aime ce bébé plus que tout mais ne se sent pas prête à le voir avec ses malformations, de peur de ne jamais pouvoir oublier cette image et de devoir vivre avec éternellement.
Le gynécologue demande une anesthésie générale et va l'accoucher à l'aide de forceps.
Daniel va voir Julien et ne lui dira jamais les traits qu'il a.

Après la naissance, on la raccompagne en chambre et, installée en service maternité avec la nurserie juste à côté de sa chambre, elle demande un séjour court.

Les jours qui suivent son retour à la maison sont difficiles. Jennifer est là, il faut s'occuper d'elle ; mais c'est le papa et les grands-

parents qui prennent le relais pour lui laisser le temps de se remettre d'une telle épreuve. Elle va se renfermer dans sa souffrance, au point de ne plus vouloir sortir de sa chambre.
Elle refuse le soutien psychologique, estimant avoir besoin de vivre sa peine elle-même et de se relever seule.

Un mois va passer avant que son gynécologue décide qu'elle doit reprendre le travail (elle va lui en vouloir, mais avec le recul, elle réalise qu'il avait raison). Son travail va lui permettre de s'occuper l'esprit et de se sentir soutenue par des personnes étrangères qui, pour certaines, ont vécu des événements similaires. Cela va lui permettre de sortir la tête de l'eau.

A ce moment-là, elle ne souhaite plus d'enfant, est éreintée par son vécu et ne se sent pas capable de recommencer. Daniel respecte son choix et accepte la situation (elle va parler de lui comme d'un mari merveilleux).

6 mois après, elle retourne voir son gynécologue pour lui annoncer son envie d'avoir un autre bébé.
Elle veut donner la vie, peu importe la difficulté.
« Quand l'envie est là, on peut mettre la souffrance de côté ».

Le mois suivant, elle tombe enceinte. Aux vues de ses antécédents, elle est très vite arrêtée à son travail pour grossesse à risques.
Elle vit une grossesse éprouvante mentalement, avec la peur panique de perdre ce bébé. Et pourtant les gens autour d'elle la décrivent comme une femme épanouie (physiquement cette grossesse étant différente du fait de l'absence de la toxémie, d'une prise de poids moins conséquentes, et de l'absence d'œdème).
Pour cette grossesse, contrairement aux autres, ils vont demander à connaître le sexe du bébé et choisissent de ne le divulguer qu'à ses parents.

Ils sont heureux que ce soit de nouveau un garçon, même s'il ne remplacera jamais Julien.

La grossesse se passe mieux que les précédentes. On lui prescrit du lexomil en cas de besoin, mais étant très bien entourée par sa famille, elle ne sent pas le besoin d'en prendre.

A 7 mois et demi de grossesse, un soir, il lui est impossible de monter se coucher. Sans aucune explication, elle ne parvient pas à se poser. Quelques jours avant, elle souffrait de fièvre, mais elle avait mis ça sur le compte de l'infection urinaire qu'elle subissait (une visite en clinique avec un bon monitoring lui avait permis de rentrer chez elle).

A 2h du matin, elle parvient enfin à se poser et s'endormir. Au petit matin, elle va voir son mari et lui dit qu'elle va s'allonger un peu sur le canapé. Il en profite pour donner le bain à Jennifer. Elle a 3 et demi, et il la laisse jouer avec un petit fond d'eau pour aller voir sa femme. Elle est toujours allongée. Elle lui demande de regarder sous sa chemise car il y a un souci (elle vient de mettre la main pour vérifier, car elle sentait que ça poussait) et découvre des énormes caillots de sang).

Il appelle en urgence le Samu, la clinique et les grands parents (pour venir chercher Jennifer).

Quand le Samu arrive, ils sont 3. Le premier l'ausculte et ils commencent à discuter entre eux, jusqu'à ce qu'ils réalisent qu'elle comprend leur jargon (ils vont lui demander son métier, à savoir qu'Isabelle a travaillé dans la même clinique en tant qu'aide opératoire que le gynécologue qui va lui faire la césarienne). Elle se rappelle avoir entendu 5 de tension puis, par la suite, ils vont cesser de parler pour ne plus qu'elle puisse comprendre la situation.

Elle refuse d'être transférée à l'hôpital car elle veut être suivie par son gynécologue et demande donc à être envoyée à la clinique. Le SAMU se devant d'attendre l'accord du CHA et de la clinique pour exécuter le transfert ; Le médecin va leur expliquer que le bébé ne bouge plus.

L'hôpital accepte qu'elle soit envoyée en clinique et c'est en urgence qu'elle part au bloc opératoire pour une césarienne. Elle va être transfusée pour compenser la perte de sang qu'elle a subit, et le gynécologue va même envisager une ligature des trompes dans le même temps car, pour lui, il est vraiment déconseillé d'envisager d'autres grossesses. Seulement un accord doit être demandé au mari, mais le temps presse et il faut vite refermer la maman pour arrêter l'hémorragie.

Nous sommes le 15 novembre 1992, Mickaël est né, mais il ne crie pas de suite, il est en train de mourir.

Au moment de le réanimer, c'est comme si un miracle se réalisait, tel un vrai guerrier il va se battre et relever le défi de revenir à lui. Les poumons ne sont malheureusement pas matures. Il est souffrance respiratoire, il a besoin d'aide.
Il est placé en couveuse sous cloche de hood, pour une alimentation plus importante en oxygène afin de préserver son cerveau.
Il doit être héliporté à Marseille (car il lui faut une prise en charge CHU vue la gravité), mais il va se battre aux côtés de l'équipe médicale, qui vont tout faire pour lui donner la chance de rester sur place.
Le liquide injecté pour faire murir les poumons, va faire son travail et lui permettre de rester.
Isabelle va devoir attendre 6 jours pour pouvoir aller le voir dans son fauteuil roulant (séparés une nouvelle fois à la naissance sans pouvoir le voir).

Mickaël va rester 14 jours à l'hôpital et Isabelle 10 (au final elle aura vécu 2 naissances en fréquentant le service de néonatalogie et ses contraintes).

C'est un retour à la maison plein de frustration qu'elle va vivre encore une fois (l'impression de ne rien pouvoir vivre, rien partager).

Mickaël est un enfant très facile : aucune intolérance, pas de doudou, pas de sucette, un enfant plein de vie, très gentil, affectueux et drôle.

Elle dit de lui qu'il s'élève comme un champignon.

Un lien très fort va se créer avec sa sœur, ils se comprennent avec de simples regards.

Jennifer a eu une petite fille aussi difficilement qu'elle-même est née (toxémie identique).

Mickaël a également eu une petite fille, de manière idéale, ce qui a permis à Isabelle de voir une de ses petites-filles très rapidement.

C'est une femme pleine de confidences au cœur lourd mais plein d'amour qui va me confier envier les personnes qui ont leur bébé dans leur chambre, chose qu'elle ne connaît pas, même si elle réalise la chance qu'elle a d'avoir ses 2 enfants. Elle va m'expliquer aussi que contrairement à la plupart des mamans césarisées, accoucher en césarienne n'est pas l'élément traumatisant pour elle. Le plus important pour elle était de donner la vie et que ses enfants se portent bien. Elle aurait seulement aimé connaître le bonheur d'avoir au moins un de ses enfants à ses côtés dans sa chambre tout comme les autres parents. La séparation de la sorte a été terrible à vivre.
Cela fait seulement 2 ans qu'elle parvient à parler de son histoire (et regarder Babyboom) sans pleurer.

Ce fut un long chemin pour panser ses cicatrices. Mais guérit-on vraiment un jour ? Elle ne sait pas, elle y pense et ne peut oublier.

En relisant son histoire, Isabelle a fait une conclusion que j'ai décidé de vous partager en conservant ses propres mots :

"Tout ce que nous sommes est le résultat de ce que nous avons pensé. L'esprit est tout. Ce que nous pensons nous le devenons." ✳ Bouddha

C'est avec l'aide de cette citation que je voudrais donner un petit conseil ou donner à réfléchir aux futures femmes enceintes… Éviter de trop penser, de trop se poser de questions. Et si je tiens à vous communiquer tout ceci c'est justement par expérience et par 2 fois! Pour ma fille j'avais prévenu mon gynécologue que je ne voulais absolument pas accoucher par césarienne… Et je n'ai connu que des césariennes pour mes 2 enfants en vie!! Et pour le second exemple, je ne sais pourquoi il m'est venu cette idée d'auto-transfusion!!!! Au cas où !!!! Et bien voilà.... Je devais prendre contact avec le centre de transfusion au 8ème mois de grossesse... Du coup pas pu le réaliser car mon fils est né par césarienne suite à une hémorragie à 7mois et demi de grossesse !!!! Et bien évidemment j'ai eu besoin de transfusion de sang... Mais d'autrui!!!

JESSICA

J'ai connu Jessica lors d'une séance photo au studio. Elle était venue pour que je pose mon regard sur ses enfants, Chiara & Aaron, deux petites beautés (en toute objectivité).

Quand on a des jumeaux, on sait qu'il y a toujours deux réactions possibles : *« Oh la chance ! »* *« Oh malheur, quel courage ! »*

Et même si Jessica aime ses enfants plus que tout, cette grossesse était loin de ce qu'elle avait imaginé.
Elle a 23 ans quand elle décide de faire un bébé avec Jérôme, son compagnon depuis 6 ans. Ils viennent d'acheter un appartement, pour eux c'est le moment idéal pour se lancer. Après un an d'attente, elle arrête sa pilule en se disant : *« On a le temps avant que tout se mette en place »*.

Résultat : elle tombe enceinte 15 jours après. Ils sont heureux malgré cette immense surprise.

A deux mois et demi de grossesse, elle perd du sang. Jessica quitte son travail en urgence, est récupérée par Jérôme, et ils partent en direction de la polyclinique où elle est suivie.

Le gynécologue l'examine et dans un grand naturel leur dit : *« Ils vont bien ».*

Ils se regardent, choqués.

Le gynécologue ne laisse pas de répit avant de compléter par *« Vous avez perdu du sang, car vous venez de perdre le 3ème ».*

Ils n'ont plus de mots et auront du mal à prendre conscience de la situation avant de se retrouver seuls dans la voiture.

Ce qui va l'aider à accepter cette grossesse gémellaire sera l'annonce du sexe des bébés : un garçon et une fille.

La grossesse va se passer relativement bien au départ. Après avoir vu sa collègue de travail perdre ses jumelles à 5 mois de grossesse, elle fait en sorte d'être arrêtée de suite afin de se préserver au maximum.

Le 27 septembre, veille de son anniversaire, elle se rend à son suivi gynécologique et lorsqu'on lui mesure le col, on lui annonce une hospitalisation en urgence pour un col ouvert.

Nous sommes à 27 SA, il est bien trop tôt pour que ses bébés viennent au monde.

Arrivée à la maternité, on lui injecte le Célestène pour permettre la maturation des poumons des bébés au plus vite.

Elle sera alitée jusqu'à la fin de sa grossesse (Un mois à l'hôpital et le reste à son domicile).

Il est très difficile pour elle de voir son conjoint tout faire (du moins tout ce qu'il peut faire) et de ne pas pouvoir l'aider, de ne pas pouvoir bouger ; sachant que Jérôme travaille en parallèle et que leur appartement est en plein travaux.

Etant hospitalisée à domicile, sa sage-femme vient 2 fois par semaine pour des contrôles et lui fait également ses cours de préparation à l'accouchement à domicile.

A 36 SA, on lui permet de bouger de nouveau. Elle en profite pour prendre rendez-vous avec l'anesthésiste, qui lui reproche (sans tact) de ne pas être venue plus tôt.

A 38 SA, on lui déclenche l'accouchement car les bébés ont décidé finalement de prendre leur temps (elle va m'expliquer que pour les grossesses gémellaires, on déclenche toujours une vingtaine de jours avant le terme pour limiter les risques).
On lui pose une perfusion pour provoquer les contractions et on lui perce la poche des eaux pour accélérer la dilatation.
Elle va vivre un accouchement loin de ce qu'elle s'était mis en tête : elle avait imaginé une accouchement naturel, alors qu'on lui impose une péridurale par sécurité pour le second bébé. On l'installe en salle de césarienne pour gagner du temps en cas de souci, et c'est un total de 15 personnes qui vont se retrouver en salle alors que seulement 3 participent activement à l'accouchement.

Nous sommes le 9 décembre 2010 et Chiara et Aaron viennent de naître.

On les place en couveuse alors qu'ils n'en ont pas besoin et lorsqu'on lui pose ses bébés sur elle : Papa n'est pas là. Il est descendu avertir toute la famille de la bonne nouvelle.
Elle va tenter d'allaiter comme elle le souhaitait en choisissant un allaitement mixte par sécurité.
Mais Chiara & Aaron vont préférer le biberon et au bout de 15 jours elle abandonne faute de soutien et d'aide durant son séjour à la maternité.

Aujourd'hui, les enfants vont très bien, ils viennent d'avoir 9 ans au moment où j'écris leur histoire.
Elle regrette une seule chose : ne pas avoir eu la fusion qu'une maman crée avec son bébé car derrière le premier bébé, elle avait toujours le second qui attendait.

Cinq ans plus tard, ils décident de refaire un bébé (dans l'espoir de vivre une grossesse simple).
Deux mois après l'arrêt de la pilule : elle tombe enceinte.
Lors de la prise de sang, elle remarque que le taux est assez bas.
Elle en fait une seconde et le taux est encore plus bas. Son médecin

lui annonce alors qu'elle est en train de le perdre. Il lui demande d'en faire une troisième pour s'assurer que le foetus est bien parti. Lors de cette prise de sang, à la stupeur générale : le taux a augmenté.

Durant 2 semaines on va lui faire des échographies de contrôle et des prises de sang tous les jours.

Mais lors d'une échographie (qui sera du coup la dernière) on lui annonce qu'elle fait une grossesse extra utérine. On va lui faire une piqure pour évacuer l'embryon. Nous sommes le 9 décembre, jour de l'anniversaire des enfants ...

Jessica se sent alors incomprise, seule. En effet, le papa travaille beaucoup et lorsque Jérôme lui annonce qu'il est muté, elle est ravie car elle va pouvoir se lancer pleinement dans ce déménagement et oublier le reste.

Mais une fois sur place, le contre coup s'abat sur elle : elle est seule, loin de tout et elle sombre dans une dépression (dont elle sortira rapidement).

Ils retenteront de faire un bébé et c'est une petite Calypso qui va venir agrandir la famille le 28 décembre 2016.

JULIE

Quand j'ai connu Julie, son désir d'enfant était tel, qu'elle envisageait de le faire sans papa, étant célibataire à l'époque et ne trouvant pas « son homme idéal ».
La vie en décide autrement et en juin 2017, elle se marie avec Benoit.

Le 17 juin 2017, elle prend la dernière pilule de sa plaquette et se lance dans la fabuleuse aventure de la conception.

Mais parfois la nature nous joue des tours et après de très longs mois sans que rien ne se passe, ils décident de consulter le gynécologue, qui va entamer une série d'examens. Il finit par leur conseiller une aide en PMA, une insémination artificielle et d'être suivis par une gynécologue spécialisée dans ce domaine.
Après une visite en juin 2018 et une nouvelle série d'examens, tous plus difficiles les uns que les autres, elle va décider de leur faire une FIV.
C'est lors du rendez-vous en septembre qu'elle décide de programmer la FIV au prochain cycle. C'est au moment des prochaines règles que sera lancé le traitement de stimulation ovarienne.

Elle va me raconter que durant ses longs mois d'essais, à chaque petit retard qu'elle constate elle fait un test de grossesse qui semble déclencher les règles, car elles apparaissent dans les heures qui suivent.

Ce qui va faire que, début octobre, elle remarque un retard de règles et décide de faire un test pour les « déclencher ».

Elle a posé des congés pour pouvoir gérer la FIV, les rdv et être au repos pour se donner un maximum de chance, et ce retard risque de chambouler tout son planning.

Ce qu'elle découvre, elle ne s'y attend pas : le test est positif…

Elle monte dans sa chambre en courant, tremble de tout son corps et se met à pleurer. Malgré tout, elle ne réalise pas. Elle envoie un message à ses 2 meilleures amies pour vérifier qu'elle ne se trompe pas. Elles lui confirment dans une euphorie la plus totale.

Après un long moment de réflexion pour tenter de réaliser, elle s'empresse d'aller au laboratoire pour faire la prise de sang de confirmation.

Sans surprise, la prise de sang confirme bien qu'un petit être s'est accroché à elle, alors qu'elle s'apprêtait à entamer une procédure longue et douloureuse.

Nous sommes le 4 octobre et Julie réalise qu'elle va enfin devenir maman… Après des années à le rêver, l'espérer et l'imaginer…

Après l'avoir annoncé au papa, ils décident de l'annoncer à la gynécologue afin d'arrêter le protocole au plus vite. Par sécurité, elle les envoie refaire une seconde prise de sang, 48h après, pour écarter le risque de fausse couche.

Mais ce bébé est bien là, bien accroché.

Plus les jours passent, plus elle aime ce bébé. Le premier trimestre se passe sans maux de grossesse. Le second trimestre est un peu plus difficile, elle commence à être malade tous les matins.

A ce stade de la grossesse, la gynécologue va évoquer ses problèmes de dos et son appareillage (dynesis, appareil servant à maintenir le bon espace entre les vertèbres) ; et lui conseiller de choisir sa maternité pour planifier au plus vite le rendez-vous avec l'anesthésiste.

Son appareillage l'empêche de pouvoir bénéficier de la péridurale, l'équipe médicale de la maternité lui explique alors que ce sera un accouchement naturel.

Mais sa gynécologue lui explique qu'il est possible que l'appareillage ne supporte pas les contractions, que cela peut le déplacer, que cela peut être irrémédiable pour sa colonne vertébrale.

A 5 mois de grossesse à peine, Julie et Benoit doivent réfléchir et décider de ce qui est le mieux pour le bébé et pour elle.

Ils ont 2 solutions : soit ils prennent le risque d'un accouchement naturel en espérant que tout se passe bien et, dans le pire des cas, finir en anesthésie générale d'urgence ; soit partir directement sur une anesthésie générale pour ne prendre aucun risque pour le bébé et la maman.

Sur les conseils de son mari, ils choisissent la sécurité afin de ne pas prendre de risques inutiles.

Durant deux mois, elle va osciller entre la maternité, sa gynécologue et les anesthésistes qui ne semblent pas d'accord sur la procédure à mettre en place.

Au bout de 7 mois de grossesse, fatiguée de cette situation prise à la dilettante par les équipes censées s'occuper d'elle au mieux, elle décide de donner sa confiance à sa gynécologue qui va l'envoyer vers la clinique de la ville, qui va accepter de planifier une anesthésie générale par sécurité pour ce bébé et sa maman.

Au 8ème mois, Julie est toujours malade le matin et elle continue de travailler. Le nouveau gynécologue qui la suit, la reçoit en rendez-vous pour fixer la date d'accouchement (bébé allant bien, ils étaient obligés d'attendre 39 SA pour la césarienne).

Le terme de sa grossesse est le 17 juin 2019 (2 ans jour pour jour après son mariage), on lui programme la césarienne pour le 5 juin.

Elle réalise à ce moment là qu'elle ne verra pas son bébé de suite.

Papa prendra le relais immédiatement, mais pour le cœur d'une maman, c'est une épreuve difficile à accepter.

Mercredi 5 juin, c'est le grand jour. Ils se présentent à la maternité comme prévu.
La césarienne est prévue à 13h30, ils passent donc la matinée à attendre, à parler au bébé, à le préparer à sortir.
Elle se rend au bloc opératoire en marchant, sereine et heureuse de ce grand jour.
Devant la porte, elle embrasse Benoit en lui demandant de bien s'occuper de leur « bébénou ».
On l'installe en salle, elle s'allonge et décide de fermer les yeux pour tenter de rester apaiser et ne penser à rien.
On lui demande de compter jusqu'à 3… Bébé sera bientôt là…

Il est 13h56, Théo vient de naitre.

Pour l'anecdote, il est né avec 3 tours de cordon ombilical autour du cou, ce qui va les rassurer définitivement dans le choix qu'ils ont pris.

Julie est en salle de réveil, il est 15h, elle ouvre les yeux.
Son premier réflexe est de toucher son ventre et ne parvient à retenir ses larmes face à ce ventre vide.
Elle les supplie de la laisser voir son fils et c'est grâce à une photo qu'elle va pouvoir découvrir son visage pour la première fois.
Elle se souvient n'avoir jamais cessé de regarder cette horloge, comptant les minutes qu'il lui restait avant la délivrance et le retour en chambre.
Elle se souvient aussi de cette douleur intense qu'ils essayaient de réduire avec des calmants.

16h30, on la remonte en chambre, mais quand elle arrive il n'y a personne, elle se retrouve seule jusqu'à ce que la porte s'ouvre et qu'elle entende cette phrase gravée en elle « Théo, je te présente Maman… ».

A ce moment là, son cœur s'emballe, ce qu'il se passe en elle, elle ne peut le décrire ni même l'expliquer… Sa vie vient de commencer…

E.

En écrivant l'histoire d'E., je réalise que j'ai beaucoup de clientes du studio photo qui ont choisi de témoigner et de me confier un bout de leur histoire ; moi qui ai partagé au moins une fois un moment de leur vie.
J'ai partagé le jour où E. a uni sa vie à celle de G.

Quelques temps après, ils décident de faire un bébé, mais en novembre 2015, elle fait une grossesse extra utérine.

Le temps passe et en décembre 2016, le 1ᵉʳ, plus précisément, elle fait une prise de sang pour savoir si elle est enceinte. Le résultat est positif. Mais pour ne pas faire vivre une fausse joie à son mari, elle décide de faire une échographie avant de lui annoncer.
Travaillant en maternité, elle sait qu'il lui sera facile d'avoir l'échographie de contrôle pouvant lui annoncer que tout va bien.
Par chance, ce jour-là, elle a une réunion et doit donc se rendre à la maternité.
L'échographie confirme que tout va bien, l'embryon est bien accroché.

Le soir même, elle met en place le scénario d'annonce qu'elle avait imaginé depuis longtemps.
Elle met sa nuisette, écrit sur son ventre « Bonjour Papa » et quand son mari monte elle lui demande de regarder son ventre car elle a un bouton (elle admettra qu'il y avait plus glamour, mais le but était

qu'il soulève la nuisette). Il la soulève et lit, puis relit une 2ème fois et la regarde. Elle n'oubliera jamais ce regard…

Les voilà partis pour une nouvelle aventure !

Ils décident qu'ils annonceront la grossesse aux parents de E. pour Noël. Quant aux amis, ils décident d'attendre la fin du premier trimestre et prévoient un repas pour leur annoncer.

Les jours passent, les nausées s'amplifient et se transforment en vomissements avec une perte de poids.
En 15 jours tout bascule, elle simule une gastro auprès de ses parents, mais au bout de 8 jours, il est difficile de tout mettre sur le compte de cette gastro. Ils sont obligés de leur annoncer la nouvelle.

Mais la joie est de courte durée, puisque E. doit se faire hospitaliser (avec perfusion de Primperan). Cette hospitalisation va également obliger les futurs parents à faire leur annonce à l'hôpital, et donc à ses collègues de travail.
Ils ne cessent de refuser les invitations pour des raclettes entre amis, ce qui sème le doute et sont obligés d'annoncer la raison de ces refus.
En 10 jours, ses premiers souhaits s'effondrent.
Elle est à 8SA, elle n'a pas de ventre, elle a perdu 6kg, elle est fatiguée, a mauvaise mine et ne se sent pas enceinte.

Elle va passer trois mois à la maison, à vomir quasiment tous les jours, à ne plus tenir devant un frigo ouvert, à ne plus pouvoir manger avec son mari.
A force de vomir elle en souffre, car elle vomit le contenu d'un estomac vide.
Par chance, elle va avoir un mari aux petits soins pour elle : il lui fait couler des bains, lui prépare son sirop à la menthe et à la glace pilée (seule chose qu'elle arrive à garder) et lorsque celui-ci part au travail (pour une durée de 24h) c'est sa maman qui vient prendre la relève.
Elle se souvient lui avoir confié « si c'est ça être enceinte, je ne veux plus l'être ».
Elle se souvient en avoir eu marre d'avoir ce bébé en elle au bout des 3 mois (et aujourd'hui elle trouve sa pensée horrible).

Elle se sent seule, coupée du monde, et au plus mal dans son corps.
Ce n'est pas ce qu'elle avait imaginé d'une grossesse.

Puis son état va s'améliorer progressivement : elle voit son ventre
s'arrondir, elle peut acheter des vêtements avec des inscriptions de
femme enceinte, pour dire au monde entier *« Coucou, regardez-moi, je
suis enceinte ! »*. Elle peut enfin faire comme tout le monde.
Malheureusement, ce bonheur va être de courte durée. Un seul
petit mois…

A 5 mois de grossesse, les premières contractions apparaissent. Elle
est de nouveau hospitalisée. Elle pense qu'il s'agit d'une alerte et
qu'il faut qu'elle se repose.
Mais, en réalité, elle a un col à 18mm. On lui autorise un retour à la
maison mais avec un repos strict. Plus le droit de ne rien faire.
Une sage-femme vient chaque semaine lui faire un monitoring de
contrôle (avec des courbes dignes d'un travail en cours).
Au moindre effort, les contractions reprennent. Son mari la soulève
des toilettes pour limiter les efforts au maximum, elle prend sa
douche avec un siège adapté, sa mère vient même lui laver les
cheveux.
Elle se souvient de ce ventre qui se déforme par les contractions.
Elle se souvient avoir ce geste naturel de mettre sa main à
l'entrejambe quand elle descend les escaliers (comme si ce bébé,
qu'elle sent bas, allait sortir).

Lors des échographies de contrôle, elle ne regarde pas… Elle en
veut à ce bébé de lui faire vivre ça, de ne pas lui autoriser de vivre
le même bonheur que ses copines.
Ce bébé va, également, la priver de la séance photo grossesse
qu'elle avait imaginée et longtemps espérée ; mais aussi la
préparation de la chambre et les achats shopping (qu'elle fera via
internet).

Lors de la dernière échographie, on la change de maternité pour
une maternité de niveau supérieur car son col est ouvert en
entonnoir (complètement ouvert vers la tête du bébé).
Une nouvelle hospitalisation dont elle va profiter pour visiter le
service de néonatalogie car étant à 34SA elle sait que bébé finira ici.
Elle sent qu'elle va prématurément accoucher.

Mais ce bébé leur démontre déjà son petit caractère car elle est renvoyée chez elle au bout d'une semaine, à son plus grand désarroi. Désarroi que son mari ne comprend pas de suite, ne réalisant pas qu'elle souhaite accoucher.

A partir de là, elle reprend une vie normale, reprend son ménage et le soir du 14 juillet elle sort voir le feu d'artifice aux Saintes Marie de la Mer où elle marche beaucoup, dans l'espoir de provoquer le travail.

Mais c'est le 18 juillet (à 37SA+6) que M. pointe le bout de son nez en très peu de temps (1h de contractions avec la poche des eaux rompue, sans péridurale).

Malgré tout ce qu'elle a traversé, malgré tout ce que ce bébé a ressenti à l'intérieur, aujourd'hui leur lien est plus que fusionnel.

Une aventure manquante pour cette maman qui souhaite une seconde grossesse mais qui a du mal à se projeter sur celle-ci, encore marquée intérieurement.

CAMILLE

D'aussi loin qu'elle se souvienne, Camille a toujours voulu être maman jeune.
Sa grand-mère l'est devenue à 18 ans, sa mère à 19 ans, elle pensait suivre la lignée.

Elle rencontre Anthony à 19 ans et sent très vite que cette relation est différente des autres, que c'est le bon…
Au bout de quelques temps, ils évoquent ensemble le sujet d'un bébé mais c'est au bout de 5 ans de relation que tout évolue. Il était important pour lui d'être stable professionnellement avant de se lancer dans cette folle aventure.

Nous sommes le 1ᵉʳ décembre, et avant de commencer sa journée de travail (elle est assistante maternelle), elle se dirige vers son calendrier de l'avent et en ouvrant la 1ᵉʳᵉ case c'est un petit mot qu'elle découvre : Un bébé avec ton chéri.
Elle n'a pas le temps de vivre pleinement son émotion et sa joie, la sonnette retentit, la petite fille qu'elle garde arrive.

Pour leur plus grand bonheur, un mois et demi après elle tombe enceinte.
Très vite elle réalise que son métier devient bizarre pour elle : garde un bébé alors qu'elle est enceinte, faire des petits pots pour un autre bébé que le sien…
Les premiers mois se passent relativement bien : quelques légères

nausées mais surtout une fatigue assez intense, ce qui rend le quotidien plus difficile.

A 3 mois et demi de grossesse, ils partent à New York (un voyage organisé avant qu'elle ne tombe enceinte) et au bout de 5 jours, elle se retrouve pliée en 2 de contractions douloureuses. Des contractions qui ne cesseront jusqu'à l'accouchement.

Au retour, elle récupère le petit garçon qu'elle garde (qui pèse alors 10 kg). Malgré les difficultés à le gérer pleinement, elle refuse de se mettre en arrêt maladie, et ce sont les parents qui lui imposent de prendre soin d'elle et de son bébé.

Un rendez-vous médical lui confirme ce qu'elle redoute : elle doit rester allongée le plus et en faire le moins possible.
Elle qui avait idéalisé la grossesse comme un moment de vie merveilleux, elle est rapidement déçue et comme elle me le confiera *« j'ai adoré voir mon ventre grossir, sentir mon bébé bouger, que les gens de mon entourage prennent soin de moi, mais tout le reste n'est qu'emmerdements »*.

Il faut savoir que Camille a préparé son projet de naissance : ce fameux document où la maman décrit son accouchement parfait et ce qu'elle veut mettre en place le jour J. Elle y a noté la présence de sa petite lumière, le fait qu'il n'y ait qu'un ou deux intervenants en chambre, une baignoire, pas de péridurale (même si pour ce "détail" là, aucune personne de son entourage ne la pense capable d'y arriver), un déclenchement à la maison au calme etc...

Nous sommes le 4 octobre, à 38SA, Camille et Anthony se rendent à leur rendez-vous chez la gynécologue, assez sereins.
L'échographie est parfaite, le bébé va bien, il grandit bien, il est bien positionné, le col est à 1 mais il reste long.
En toute insouciance, elle précise à sa gynécologue que son ventre la démange assez régulièrement (tout en précisant que ce n'est sûrement rien).
A ce moment-là, la gynécologue entame toute une série de questions sur un ton où l'inquiétude se fait sentir.
A la fin de cet interrogatoire, ils ne retiennent qu'une chose : ça peut être grave !
Elle leur demande alors de faire une prise de sang et une analyse d'urine en urgence et pour leur faire prendre conscience de la

situation réelle, elle précise : il y a un risque de mort-né.
Mais ajoute que tout peut très bien se passer si on prend bien les choses en main.

Alors qu'ils sont en train de finir la décoration de la chambre du bébé, le lendemain après-midi, ils réalisent qu'ils ont 8 appels en absence de la gynécologue. Ils la rappellent rapidement. Elle leur annonce que Camille doit être hospitalisée en urgence car son taux de protéines dans les urines a triplé, signe que son corps rejette le placenta.

En arrivant à l'hôpital, Camille subit un contrôle général et on lui annonce que le bébé va bien, mais qu'on va la garder en observation.
24h après, au petit matin, on lui annonce qu'elle n'a pas droit au petit déjeuner, qu'on va venir la voir pour lui en expliquer les raisons.
Une nouvelle gynécologue arrive et lui explique que les analyses ne sont toujours pas bonnes, que le taux de protéines dans les urines est toujours trop important et que le déclenchement est inévitable.
Vers 8h, on lui pose un propess. Très vite elle a la sensation qu'on lui brûle l'intérieur. Les auscultations sont horribles (elle compare la douleur à des lames de rasoir).
Les contractions arrivent rapidement et on la laisse vivre son travail tranquillement, comme elle le désire. Elle sort, fait des allers retours dans le couloir pour aider au mieux la dilatation du col et utilise également le ballon.
Elle sent les contractions s'accentuer. Elle en est contente car elle a conscience que la douleur fait partie du processus et au fond d'elle, elle veut souffrir pour se rassurer.
Sur les conseils de sa prof de chant, elle fait des vocalises graves à chaque contraction, ce qui va amuser une partie des gens autour d'elle.
Les cours de sophrologie qu'elle a suivis vont également lui permettre d'accepter la douleur et de mieux la gérer.
Bref, elle est heureuse de ce qu'elle vit malgré le déclenchement et semble bien préparée à la souffrance qu'elle subit.

Vers 22h elle demande un médicament pour pouvoir dormir et réussi à se reposer durant 2h sous morphine.
Cette nuit-là, Anthony rentre pour se reposer et permettre à

Camille de gérer le travail sans déranger : pouvoir laisser la lumière, pouvoir crier si besoin, pouvoir bouger etc.

A 3h du matin, les douleurs la réveillent. Elles sont toujours très violentes. On ne lui fait toujours pas de contrôle. D'ailleurs, on ne lui en a pas fait depuis son déclenchement, ce qui veut dire qu'elle souffre sans connaître l'évolution de son col.

Vers 8h, on vient la voir, les contractions sont trop espacées malgré la violence des douleurs et on lui pose une perfusion pour accélérer le travail. Camille est transférée en salle d'accouchement.
Les contractions augmentent tant en intensité qu'en douleur, pour son plus grand bonheur.

Vers 12h, on vient l'ausculter dans une douleur indescriptible, qui va la faire hurler, afin d'évaluer la dilatation de son col.
Le verdict tombe : Son col est à 2 et demi après 30h de travail environ.
Camille n'y croit pas, elle s'effondre et ne comprend pas cette injustice.

Elle comprend alors que son projet de naissance tombe à l'eau, elle sort de sa bulle de confort, et réalise que rien ne va se passer comme elle l'a imaginé.

La gynécologue revient la voir pour lui percer la poche des eaux après la pose de la péridurale.
Elle se souvient encore de cette anesthésiste odieuse et de sa phrase *« la dame ne fait pas d'efforts je ne vais pas pouvoir lui poser »*.

A ce moment, sa tête semble se séparer de son corps, et elle se résigne à accepter tout ce qu'on lui propose.
Elle réalise vite que la péridurale lui permet de reprendre ses esprits et l'apaise.
Anthony remonte se reposer pour prendre des forces pour la suite, et elle en profite pour dormir un petit peu également.

Pendant que le travail se fait (toujours lentement), le bébé semble fatiguer, on la change de position mais il faiblit toujours.
La sage-femme qui s'occupe d'elle lui annonce qu'elle est en simultanée sur une césarienne dans la salle juste à côté mais qu'elle

la surveille. A ce moment-là, Camille prend conscience de tout ce qu'il pourrait arriver (avec le risque de finir en césarienne).

On décide, peu de temps après, de faire un prélèvement sur la tête du bébé pour contrôler son taux d'oxygène. Elle remercie la péridurale qui lui permet un premier examen sans douleur. Le col est dilaté à 6.
Camille demande des explications, on lui annonce que si l'examen n'est pas bon, il faudra partir en césarienne.
Elle s'effondre, se met à trembler, et supplie qu'on aille chercher Anthony en chambre. Dans sa tête c'est la panique totale.
On lui annonce *« c'est négatif ! »*. Pour elle, cela ne veut rien dire et pose donc la question fatidique : *« Ça veut dire quoi ? »*, ce à quoi on lui répond : *« On part en césarienne »*.
Anthony arrive quasiment au même moment et c'est anéantie qu'elle lui demande un bisou, comme pour se rassurer.

A partir de là, tout ce dont elle se souvient ne sont que des flashs : elle se rappelle le monde qui s'affaire autour d'elle, de la personne qui prépare Anthony avec la blouse, du fait qu'on la débranche et qu'on la change de salle. Elle se souvient aussi s'être posé 1000 questions, à ce moment-là.
Elle est à la fois triste que son rêve se brise et inquiète pour elle et son bébé.

Et d'un coup, tout bascule : On lui attache les bras (ce qui reste un geste violent psychologiquement, surtout lorsqu'on ne s'y attend pas). Il n'y a personne pour la rassurer, pour lui parler. Elle cherche Anthony du regard et elle le découvre décomposé de voir sa femme être sanglée ainsi.

Dans son souvenir, la suite va aller très vite. L'anesthésiste est toujours présente et Camille lui demande ce qu'est la césarienne (n'ayant pas eu son dernier cours de préparation). Celle-ci va lui rire au nez en expliquant que ce n'est pas maintenant qu'il faut s'en soucier.
Elle est sous le choc, vidée, bouleversée et malheureusement seule face à ce cauchemar.
Puis elle lui demande si elle peut lui donner la main (un geste pour se rassurer et se sentir moins seule), elle lui rit de nouveau au nez, mais lui donne cette main tant espérée.

Camille se rappelle des bruits (surtout celui d'aspiration), des odeurs, des sensations d'étirement de la peau mais elle se focalise sur la lumière au-dessus d'elle et se rappelle comme elle peut, de ses cours de sophrologie pour se détacher de ce qu'elle est en train de vivre.

Nous sommes le 8 octobre, en milieu d'après-midi et Lorys vient de naître.

On lui approche son bébé pour qu'elle l'embrasse mais elle le fait sans réelle envie. Ce bébé ne semble pas être vraiment le sien, elle n'a pas l'impression d'avoir accouché… On l'a accouché… Et cette différence est très importante à ses yeux. Elle parlera de ce mouvement de recul qu'elle a eu quand on lui a approché bébé, avec beaucoup de larmes dans les yeux, comme si la culpabilité la rongeait encore.

On emmène Lorys pour les premiers soins et le reste, elle ne s'en souvient plus puisque le souvenir suivant est quand on la mène voir son fils avec le papa, plusieurs heures après. Elle suppose avoir fait des malaises pour n'avoir aucun souvenir de ce laps de temps.
Les deux hommes de sa vie sont installés dans un fauteuil. Mais malgré cela, elle n'éprouve aucune émotion en les voyant et refusera même de prendre son bébé dans ses bras à son arrivée.
Anthony tente de la rassurer en lui racontant ce qu'elle a raté, en lui disant qu'ils ont fait un beau bébé, qu'il a pu réaliser le peau à peau et qu'il ne l'a jamais quitté.
Elle est heureuse mais ne se sent toujours pas maman de ce nouveau-né.

C'est le regard d'Anthony sur elle, quand elle va prendre Lorys dans ses bras au bout de quelques minutes, qui va tout chambouler dans sa tête.
A ce moment-là, elle prend conscience de la situation, de sa nouvelle vie et voit Anthony comme un super papa, un vrai héros.
Son amour pour lui décuple.
La tétée d'accueil se met en place naturellement, remplissant d'amour, le cœur de cette nouvelle maman.

On la remonte en chambre toujours anesthésiée *« comme une morte »* selon ses propres mots.

Durant des jours et des jours son corps va lui faire mal.

Il est difficile pour elle d'accepter que les gens puissent faire ce qu'elle ne réussit pas, ou du moins pas seule : se pencher sur le berceau, le prendre dans les bras sans aide. Elle se sent à la fois triste et envieuse mais reste fière de voir le bonheur dans les yeux de ses proches.
Il est difficile pour elle d'accepter de ne pas avoir assisté au premier bain de son fils.

Elle va être surprise de sa cicatrice : elle l'imaginait grosse, visible, moche.
Et même si sa cicatrice est loin de l'image qu'elle s'en était faite, aujourd'hui encore elle ne l'accepte pas.

Dans ses flashs, elle se souvient d'Anthony lui mettant les bas de contention, lui massant les jambes, l'aidant à les bouger.
Elle se souvient des heures d'attente pour recevoir un anti-douleur malgré ses nombreux appels.
Elle se souvient des crises de douleur, jusqu'à avoir les yeux qui se révulsent, se retrouvant au bord du malaise (elle me confiera même avoir préféré les 30h de douleur durant le travail).
Elle se souvient de ces mains qu'on lui enfonce dans le ventre comme des couteaux, pour faire sortir le sang. Mains qui viendront la torturer à 4 reprises.
Elle se souvient de cette deuxième fois où du sang est venu tâché son pansement, la mettant en panique car un point avait sauté sous la pression de ces mains.
Elle se souvient avoir découvert rapidement sa cicatrice, en larmes, l'avant-veille de sortir grâce à l'aide de la sage-femme.
Elle se souvient de la douleur ressentie pour sortir du lit ; où même assise, elle ne parvenait pas à tenir.
Elle se souvient de cette sensation d'être proche du malaise alors qu'elle était assise dans un fauteuil roulant.
Elle se souvient de sa 1ère douche, où la sage-femme proposa gentiment de l'aider car le simple jet d'eau sur ses pieds était douloureux tant la fatigue psychologique était importante.
Elle se souvient des mots interdits qu'elle pouvait avoir, dans les conversations : péridurale, accouchement, césarienne. A leurs simples prononciations elle s'effondrait en larmes.
Elle se souvient de ce coussin sur son ventre pour dormir, pour le

protéger de tout ce qu'on pourrait lui faire subir.

Mais elle se souvient surtout de la première fois où elle s'est levée pour se pencher au-dessus du berceau de son fils, à 4 jours. Elle se souvient de la présence régulière de sa maman, et du nouveau papa se pliant en 4 pour s'occuper de lui et d'elle.

Avec le recul, elle peut dire aujourd'hui que le lien qu'elle a créé avec son fils s'est fait lors de la première tétée, comme une tétée magique. L'allaitement était pour elle essentiel. Elle n'aurait pas supporté de rater son accouchement et son allaitement.

Aujourd'hui, elle ose même dire qu'elle a surprotégé son fils, Lorys. Qu'il était quasiment impossible pour elle de le laisser, de s'éloigner, durant sa première année de vie.

Le temps n'a pas encore fait son travail. Chaque femme est différente face à la douleur. Elle appréhende une prochaine grossesse, un prochain accouchement et admet pour le moment ne pas être prête à l'envisager.

Car au fond d'elle, elle n'a pas accouché, on l'a accouché.

SABRINA

C'est en plein voyage de noces, fin août 2012, que Sabrina et Frédéric décident d'agrandir leur famille après 10 ans de vie commune.
Fin septembre arrive le rendez-vous chez le gynécologue pour le retrait de l'implant.

Ils pensent que tout ira vite, étant donné qu'elle est tombée enceinte rapidement pour les 2 premiers.
Trois mois passent... et toujours aucun bébé qui s'accroche.
Elle décide alors d'investir dans des tests d'ovulation et d'un seul coup tout s'explique : ils sont constamment négatifs.

Un nouveau rendez-vous est pris chez le gynécologue qui propose un traitement.

En janvier, les tests d'ovulation redeviennent positifs mais toujours pas de bébé en route.

En février, il n'y a aucune ovulation. Sabrina angoisse et elle culpabilise de ne plus réussir à faire de bébé.

Ils décident de partir au ski pour s'aérer l'esprit et penser un peu à autre chose. Malgré son esprit brouillé par tout ça, elle profite de ce moment de bonheur et décide de ne pas faire de test.

Fin mars, en pleine nuit, elle se réveille et sent qu'il est là… Elle le sait, elle en est sûre… Il est 1h du matin et son test est « positif 3 semaines+ ».
Dans la seconde qui suit, Sabrina réveille son mari pour partager cet instant de bonheur à deux !

Le lendemain lors du rendez-vous gynécologique, il lui estime la grossesse à 6 semaines. Ils sont en plein rêve et se baladent dans les magasins imaginant déjà le futur.

Vers 16h des douleurs surviennent, elle les ignore pensant que ce n'est rien d'important.
Mais en rentrant, elle réalise qu'elle saigne… beaucoup trop… et ils partent aux urgences.
Elle vient de faire une fausse couche.

Elle s'effondre, alors que Frédéric, lui relativise en lui disant : « Ça marchera la prochaine fois ».
Elle est en colère après elle, après lui, après la terre entière !

Une semaine après, lors d'un nouveau rendez-vous, son gynécologue annonce qu'il souhaiterait passer sur une stimulation ovarienne par Clomid. C'est une procédure un peu plus lourde mais ils décident de se lancer.

Va s'en suivre alors un cycle chaotique : deux fois ses règles en 3 semaines, des douleurs atroces, et 7 mois de déception, de pleurs et de doutes.
Le gynécologue propose un dernier mois d'essai avant de passer à la PMA.

Sabrina et Frédéric se mettent d'accord sur le fait que si la nature ne veut pas leur donner un dernier enfant alors ce sera la fin des essais mais il n'y aura pas de PMA.

Ils décident de faire une pause, le temps de l'opération de Frédéric, prévue pour fin mai. Ils recommenceront après.

Le 29 mai, Frédéric sort de la clinique et Sabrina elle, doit partir voir son frère en corse le 1er juin mais elle hésite ne souhaitant pas laisser son « chouchou » sans elle. Mais il insiste : « Il est grand ».

Elle aurait dû s'écouter, car le 6 juin il est transporté au petit matin par les pompiers dans un état inquiétant. Il est opéré en urgence d'une septicémie sévère : ses reins ne fonctionnent plus, ses poumons sont faibles.

Le 7 juin, il est en réanimation.
Sabrina rentre le 9, elle le voit à 17h. Elle vit un véritable cauchemar…
Frédéric lui demande de prévenir les enfants *« il va mourir »* selon lui. Pour Sabrina, ce n'est pas envisageable.
A 19h elle doit repartir, les visites sont terminées.

Le 10, elle doit attendre de nouveau 17h pour pouvoir le voir. Elle tourne en rond et pour se changer les idées, elle reprend son petit carnet de cycles et réalise qu'elle a 5 jours de retard, mais est persuadée que c'est dû au stress des derniers évènements.
Lorsqu'elle se rend aux toilettes, elle réalise qu'il reste un test de grossesse dans la boite. Elle décide de faire ce dernier test pour tourner la page des essais, de ce retard, et attendre que tout rentre enfin dans l'ordre.
Il est positif…

Elle attend le 11 pour faire sa prise de sang, le 12 pour les résultats avant de lui en parler.

Les résultats tombent : elle est bel et bien enceinte…

Il faut savoir qu'elle va aller voir Frédéric chaque jour de 17h à 19h (les seules heures autorisées).
Elle arrive à 17h à l'hôpital. Il est semi conscient, son état se dégrade. Elle a peur, elle pleure.

Elle lui annonce la grande nouvelle sans savoir s'il comprend bien. Il ne réagit pas.

Le 14 juin quand elle y retourne, il ne se souvient plus. A 19h, elle repart comme tous les jours et ce soir-là à 21h on l'appelle pour lui annoncer qu'il est placé dans le coma.
Sabrina est dévastée, mais au fond d'elle, elle le sait, il va s'en sortir. C'est une force de la nature, le pilier de sa vie.

Il va s'en suivre cinq opérations et le 21 juillet 2013 à 12h15, ses yeux vont se fermer à jamais.

Sabrina veut mourir avec lui, mais elle se raisonne : il y a les enfants, et ce bébé à venir. Elle doit se battre pour lui.
Elle ne s'alimente plus et la veille des obsèques, elle va vivre sa 1ère échographie : bébé va bien. Il s'accroche mais elle a perdu 5kg et si elle ne s'alimente pas : elle va le perdre.

Ce bébé est un battant, il tient malgré ce que sa maman vit et lui fait ressentir ; elle doit se battre à son tour.

La grossesse va être difficile, angoissante et douloureuse.
Sabrina est persuadée que ce bébé va mourir à la naissance. Elle doit être hospitalisée trois fois car elle s'affaiblie.
Malgré tout, elle prépare son arrivée.

Lorsqu'elle apprend que ce sera un petit garçon, pour elle c'est une évidence : il est Lui…ce sera son p'tit Anakin (papa fan de Star Wars, elle de ce prénom).

Elle ne laisse pas de hasard au choix des prénoms de ses enfants, elle doit donc savoir ce que Anakin veut dire, quelles en sont les origines.

Et quand Sabrina découvre que cela signifie : « commencement, renouveau », pour elle tout est écrit. Ce bébé est le renouveau de Sa famille et le commencement d'une nouvelle page de cette vie.

Le 1er décembre une nouvelle tragédie s'écrit dans son histoire : elle perd sa grand-mère, 4 mois après son mari.

Deux mois plus tard, le 9 février plus précisément, le lendemain des 18 ans de son frère Dylan, Anakin souhaite sortir.

Elle arrive à la maternité à 6h, on l'installe et l'ausculte, le travail a bien commencé. On lui propose la péridurale mais pour le moment, elle ne la souhaite pas.

A 9h, la poche des eaux se rompt, les contractions s'intensifient et à 10h45 elle supplie pour qu'on lui pose la péridurale.
Elle est dilatée à 3.

Nous sommes dimanche et l'anesthésiste de garde est sur une urgence, elle doit donc attendre.

Le temps passe. Il est 13h30, elle souffre, elle hurle. La peur s'empare d'elle, elle s'accroche à sa maman, venue avec elle pour ce grand jour.

Mais elle veut Frédéric, elle a besoin de lui, elle ne pensait pas devoir accoucher sans lui, elle pleure toutes les larmes de son corps, et se demande pourquoi elle souffre autant, qu'a-t-elle fait pour vivre cela ?

Tout le service connaît son histoire, et pourtant, à 16h30 c'est une anesthésiste froide qui fait son entrée.

Elle lui hurle dessus, lui demande d'arrêter de pleurer, lui reproche d'être mal préparée. Mais Sabrina ne parvient pas à se calmer, elle sent que le bébé sort.

L'anesthésiste lui crie encore plus dessus, rate la péridurale à 3 reprises.

La sage-femme lui demande d'arrêter afin de l'ausculter. Elle refuse expliquant qu'elle est à 3 et qu'il n'y a rien de nouveau de possible. Mais elle insiste et lorsqu'elle regarde, la tête est là…

Sabrina va pousser 3 fois et Anakin est posé sur elle… bien vivant… il est 16h59.

L'anesthésiste revient quinze minutes après la naissance pour récupérer des papiers, toujours aussi froide et hautaine elle lui lance : *« Hé ben voilà ! C'était bien la peine de faire tant de cinéma. A l'avenir n'en faites plus ou réfléchissez avant ! ».*

La colère monte en elle, elle s'empare de son pied à perfusions dans l'idée de lui jeter dessus, mais sa maman aura juste le temps de lui dire de sortir.

Elle en a tellement subit en si peu de temps qu'elle ne parvient plus à se contrôler et malgré le fait qu'elle va s'en plaindre aux services, elle ne recevra aucune excuse de sa part.

On lui fait faire le « peau à peau », mais au bout de 45 minutes, elle demande à arrêter et à être mise en chambre avec son bébé.
Les premières heures sont troublantes, elle ne comprend toujours pas comment ce miracle a pu se produire… Après toutes les épreuves traversées, il est là…

Aujourd'hui, Sabrina n'hésite pas à dire que son *p'tit Padawan*, son Anakin lui a sauvé la vie et celle de toute la fratrie.

AUDELINE

Quand Audeline tombe enceinte, elle a 36 ans et ne souhaite pas forcément avoir un bébé mais le futur papa insiste et elle tombe enceinte directement après l'arrêt de la pilule.

Elle fait son test le 25 décembre au matin et ils se mettent d'accord pour l'annoncer aux grands-mères avant la fin du délai des 3 mois. Ils prennent alors, lors du gouter de noël, la belle-mère d'Audeline à part pour lui annoncer la grande nouvelle.
Mais l'annonce ne la réjouît pas et semble même la catastropher (elle va demander à son fils si c'était un bébé voulu, s'ils sont sûrs d'eux et s'ils vont vraiment le garder… et va même jusqu'à ignorer totalement la présence de la future maman).
Il faudra dix minutes pour qu'elle se décide enfin à féliciter les futurs parents.

Vont s'en suivre les trois mois de grand silence. La grossesse est cachée, elle ne se voit pas, seules les grands-mères savent et ils attendent juste que les mois passent pour voir si le bébé s'accroche bien.

Il faut savoir que le futur papa a mis sa vie en suspens l'année précédente, pour préparer le mariage de son frère, mariage auquel Audeline n'est pas allée, étant en grand conflit avec sa belle-sœur.

Elle va d'ailleurs me la décrire comme étant une femme odieuse avec elle mais toujours bien devant les beaux-parents, telle une belle-fille idéale (forcément Audeline et ses tatouages, ses piercings : ça colle beaucoup moins) ; et dans cette famille personne ne semble prendre la défense d'Audeline de peur de vexer le second frère.

Le 14 février, ils vont faire un tour chez sa belle-mère avant de se faire une petite soirée en amoureux en ville.
Elle est odieuse avec elle tout l'après-midi.
Elle veut comprendre pourquoi elle ne parle plus à son autre belle-fille, pourquoi elle ne veut plus la voir, mais n'accepte pas les réponses qu'elle reçoit et ne cesse de prendre sa défense et de lui trouver des excuses.
Le futur papa ne va pas intervenir et reste en retrait jusqu'au moment où Audeline va s'énerver et qu'il va lui demander de se calmer.
Au moment de partir pour leur soirée, il lui annonce qu'il n'a plus envie de sortir.

Arrive enfin la fin du 1er trimestre et le fait de pouvoir enfin annoncer cette grossesse.
Ils souhaitent organiser un apéritif avec la famille et choisissent un vendredi soir.
Mais la belle-sœur est aussi enceinte et, ne souhaite pas attendre la fin du 1er trimestre et veut l'annoncer avant.
Tout devient compliqué dans cette famille où règne les préférences.
Elle râle auprès du futur papa qui décide d'appeler sa mère et de lui passer Audeline afin qu'elle puisse lui évoquer son point de vue.
Mais ce qu'Audeline va entendre, elle ne l'avait pas prévu : « Tu dois comprendre que ce qu'eux doivent annoncer est important ».
A ce moment-là, elle annonce à sa belle-mère qu'elle ne la reverra jamais. Elle raccroche et part prendre l'air.

Le lendemain, elle prend la pochette qui contient tous ses examens et se rend au planning familial pour avorter, afin de ne pas avoir de lien avec cette famille, et de ne pas mettre au monde un bébé dans une famille avec de telles valeurs.

Mais le délai légal français est dépassé de quelques jours.

Elle se renseigne sur les délais d'avortement européen et puis laisse couler…

Elle se voit grossir mais ne crée aucun lien avec ce bébé.

La papa se désintéresse aussi totalement et ne supporte pas que les gens prennent des nouvelles de la maman et pas de lui.

Elle n'ose plus parler de sa grossesse et ne raconte plus rien. Quand on lui demande, elle répond toujours que tout va bien.

Ils parviennent quand même à se mettre d'accord sur les prénoms.

Elle veut un prénom en « -Ine » comme toutes les femmes de sa famille.

Il est ok et décide donc que lui choisira le prénom si c'est un garçon et elle une fille.

La grossesse va se dérouler parfaitement bien.

A chaque examen, elle ressort déçue que tout soit parfait.

Au fond d'elle, elle espère que la nature lui vienne en aide… Elle espère sans rien faire que ça se passe mal…

Elle est choquée de la situation qu'elle subit, le bonheur d'une grossesse qui pour elle n'en est pas un.

Elle enchaine les crises de nerfs régulières car lui vit sa vie pendant qu'elle attend à la maison. Elle va en arriver à se mutiler les avant-bras et le jour où il le réalise, il ne va pas se soucier de sa femme mais du regard des gens sur lui.

Son anniversaire arrive et son oncle propose un repas chez lui pour fêter ça. Elle en parle au futur papa qui va lui dire : *« Ah oui c'est vrai qu'il y a ce truc-là »* comme si ce n'était pas important alors que les anniversaires dans sa famille à lui, il ne les raterait pour rien au monde.

Elle ne se sent qu'une mère porteuse.

Il l'accompagne à certains examens pour que les gens le sentent impliqué.

A l'annonce du sexe, il décide de revenir sur la décision des prénoms. En effet, c'est une fille et il ne voit pas pourquoi ce serait Audeline qui déciderait et pas lui. Elle va lui tenir tête et lui permettre de choisir le second prénom.
De plus, il est persuadé que ce bébé ne l'aime pas car il n'arrive pas à la sentir bouger.

Lors de l'échographie du 7ème mois, on lui demande de prendre rendez-vous chez le gynécologue sans lui expliquer pourquoi.
Elle s'exécute et lorsque le rendez-vous arrive on lui explique que son nez est un peu court.
Il y a deux solutions : soit elle va au bout de sa grossesse avec un risque d'enfant handicapé, soit elle fait une amniocentèse. Elle ne peut s'imaginer vivre avec un enfant handicapé (et respecte profondément celles qui y arrivent) et accepte l'amniocentèse.
Elle va devoir attendre 4 jours avant le jour J et elle réalise à ce moment que le résultat qu'ils espèrent n'est pas le même. Elle y voit une dernière chance pour pouvoir s'échapper.
Aujourd'hui, elle culpabilise encore d'avoir eu cette envie.
Les résultats vont tomber par la suite : tout est nickel. Tout le monde est heureux sauf Audeline.
Au fond d'elle, il lui reste une chance de s'en sortir : un accouchement où mère nature l'aiderai.
Mais elle va vivre un accouchement idéal.
A un détail près : le papa sera inexistant, attendant assis sur une chaise que sa fille naisse (aucune aide, aucune compassion, aucun soutien). Elle aura vécu le même relationnel humain pendant l'accouchement que pendant sa grossesse, avec pour éternelle phrase : *on ne traite pas les gens comme ça…*

Eldowyn va naitre en ce 5 septembre 2015.

Elle va avoir du mal à créer un lien avec sa fille, mais le papa étant peu présent, cela va lui permettre de rattraper ce manque de lien, grâce à ce tête-à-tête permanent.

Elle devra renoncer à son allaitement lorsqu'elle va comprendre que son corps semble avoir bloqué la montée de lait, qui ne viendra en réalité jamais…

Elle garde une rancœur car elle réalise qu'elle n'aura pas d'autre enfant, donc pas d'autre gestation et n'aura comme souvenir de grossesse que de la solitude et de l'abandon quand la plupart des femmes vivent de l'amour, de la compassion et plein de petites attentions.

SOPHIE

Sophie est à mes yeux une grande dame… Vous savez, ces femmes qui forcent le respect de par leur parcours, de par leur manière de voir le monde et de le partager.
L'histoire qu'elle m'a racontée, a confirmé mon image d'elle.

Nous sommes en 2007. Sophie s'apprête à faire un test de grossesse quand elle tombe dans un fossé et se casse le pied.
Elle se retrouve à l'hôpital où elle exprime très rapidement son doute sur une grossesse, mais à priori l'équipe médicale qui s'occupe d'elle ne juge pas ce détail important et lui fait toute une série d'examens (radios et médicaments non adaptés).
Elle rentre chez elle, un peu perturbée par la situation, fait son test de grossesse qui s'avère positif.
Elle appelle son généraliste qui lui change immédiatement le traitement.

Les examens montrent que ses os sont brisés, il faut obligatoirement opérer, mais avec sa grossesse, l'anesthésie générale est impossible.
Elle se souvient encore du froid glacial de cette salle et du bruit de métal que l'on manipule.
On lui met donc des broches dans le pied, broches qu'elle va garder

3 mois sans pouvoir se mettre debout, sans pouvoir poser ce pied. A l'époque, son ainé a 13 mois et ils vivent dans une maison de village.

La grossesse se passe (semée d'inquiétudes qui ne la quitteront jamais). Ils trouvent des solutions pour essayer de vivre normalement (elle pousse la poussette pendant que son mari pousse le fauteuil roulant). Mais c'est un moment de vie difficile qu'ils ont aujourd'hui choisi d'occulter et dont ils gardent peu de souvenirs.

Son corps change avec la grossesse mais elle ne le perçoit pas vraiment. Elle est alimentée de médicaments que les infirmières viennent lui « planter » dans le corps tous les jours, afin de traiter l'immobilisation de sa jambe.
C'est une maman rongée par la culpabilité qui s'accroche à ce bébé, et inversement, ce bébé semble s'accrocher coûte que coûte.

Lors du retrait des broches, elle est anéantie par la peur pour la survie de son bébé qui va passer au bloc opératoire (se souvenant du danger d'une anesthésie générale lors d'une grossesse).
La rééducation sera sommaire car son point d'équilibre est différent à cause de ce ventre qui ne cesse de grossir.

Un matin, elle se réveille et se sent oppressée. Elle appelle les urgences qui lui demandent d'aller voir son généraliste, ce qu'elle fera quelques heures après.
Lors de l'examen, il l'envoie en urgence vers l'hôpital pour une suspicion d'embolie pulmonaire.
Elle se retrouve en service gynécologique à cause de sa grossesse, alors que son seul souhait est de pouvoir voir un cardiologue ou un pneumologue qui pourrait la rassurer. Mais son suivi quotidien est fait par le gynécologue.

Personne ne semble vouloir se positionner, les examens sont fait de manière légère, avec pour seule excuse : *« vous êtes enceinte »*. En effet, il y a des risques à éviter pour la survie du bébé.

Elle a peur, car elle ne comprend pas ce qu'il se passe et les réponses qu'on lui donne ne lui sont pas satisfaisantes.

On lui met des tas de perfusions, on évoque devant elle des termes horribles qui semblent condamner ce bébé, mais ce bébé s'accroche toujours et Sophie aussi.

Elle ressort de l'hôpital avec pour seule réponse à tout ça : « suspicion d'embolie pulmonaire, traitement à vie ».

Cette suspicion va chambouler sa vie, car durant 10 ans elle ne pourra pas s'assurer, les assurances la refusant, comme si sa vie ne valait rien.

A ce moment-là, elle est enceinte de 7 mois, elle commence ses cours de préparation à l'accouchement. Elle réalise très vite qu'elle n'est pas connectée à sa fille, qu'elle vit dans la culpabilité de ce qu'elle lui fait subir. Mais elle tente de se préparer au mieux pour ce grand jour.

On va lui expliquer que les médicaments qu'elle prend, obligent l'équipe médicale à déclencher l'accouchement par sécurité. Sophie n'est pas enjouée à l'idée que son bébé ne choisisse pas sa date mais c'est une question de vie ou de mort pour toutes les deux, donc elle ne réfléchit pas longtemps et accepte.

Arrive le jour J. Sophie se présente à la maternité, laissant chez elle, son fils en début de varicelle. A l'examen le docteur lui dit de rentrer car le col montre des signes que cela ne marchera pas.
Ce qu'elle refuse directement *« même pas en rêve, j'ai prévenu mon fils que je ne serai pas là les 4/5 prochains jours et que je rentrerai avec sa sœur ! Donc on y va »*.
Le docteur est sceptique mais il accepte.

Elle naîtra quelques heures plus tard.

L'accouchement est rapide et facile (malgré les douleurs violentes du déclenchement), mais Sophie souffre du ventre, elle se tord de douleur. Elle en parle au service médical qui la rassure en lui disant que c'est l'utérus qui se remet en place. Ces douleurs vont durer de longs jours.

Elle rentre chez elle quelques jours plus tard. Et pour son plus grand bonheur, elle retrouve son grand qui n'a pas pu venir à la maternité (merci la varicelle !)
Mais quelques heures après, tout prend une autre tournure. Elle réveille son mari en pleine nuit et lui dit d'habiller les enfants, car il faut la mener en urgence à la maternité, elle perd beaucoup trop de sang.
Arrivée à l'hôpital, elle renvoie les enfants et le papa à la maison en leur expliquant qu'elle va être prise en charge qu'elle les tiendra au courant.
On l'installe, on l'allonge, les médecins discutent entre eux mais personne ne semble prendre de vraies décisions. De temps en temps on vient lui appuyer sur le ventre pour faire sortir plus de sang.
Sophie se sent mal, elle a la sensation qu'elle est en train de mourir. Et elle panique à l'idée de « partir » en laissant des enfants si petits...
Au petit matin, son gynécologue vient lui annoncer qu'elle doit être opérée mais sans anesthésie générale.
Ils vont lui enlever un caillot gros « comme un steak ».
Elle va rester en observation quelque temps en étant « cachée » au fond d'un couloir (chose difficile à accepter pour cette maman qui culpabilise de ce qu'elle a fait subir à son bébé, et qui une fois de plus sent qu'elle est mise à l'écart... après tout ce qu'elle a traversé durant ces mois in-utéro)

Elle finira par rentrer à la maison, heureuse, et enfin en famille, devenant fusionnelles pour la suite de leur aventure de vie...

ELODIE

Je connais Elodie depuis tellement d'années que je n'ose pas les compter. Je connais une Elodie douce et fragile et, enceinte, j'ai découvert une femme différente, forte et prête à affronter le monde pour ce bébé.

Sa grossesse s'est bien passée, sans contraction ni douleur. Elle a juste eu un suivi un peu poussé pour le contrôle du poids, en vue d'un risque de retard de croissance in utéro, à cause d'un poids qui va rester faible toute la grossesse.

Le terme est le 2 septembre et Elodie a préparé son projet de naissance : le plus naturel possible, sans péridurale si possible, ou du moins le plus tard possible, en chambre nature et pas forcément en position gynécologique.
L'équipe est favorable à son projet, ce qui lui permet de finir sa grossesse en toute sérénité.

Lors du dernier rendez-vous, le 20 août, tout est bon, le poids est acceptable pour continuer la grossesse et accoucher naturellement, sans suivi médical derrière.

Le mercredi 29 août, à 4h du matin, elle se réveille avec quelques pertes de sang.

Elle part avec Benjamin aux urgences, elle est un peu inquiète mais se rassure en sentant bouger son bébé.

On l'ausculte, il n'y a ni dilatation ni contraction, et le monitoring est normal.

Elle reste hospitalisée la journée en observation.

Ils décident finalement de la garder la nuit pour vérifier d'où vient le sang qu'elle a perdu (du bébé, du col, etc)

Elle reste la journée qui suit, ses résultats n'étant ni bons ni mauvais. Ils en profitent pour lui faire des échographies et des monitorings réguliers.

Les premières contractions se mettent en place le 30 août, *« comme des douleurs de règles »*, toutes les quinze minutes environ.

Ils lui font un monitoring de contrôle, car n'ayant jamais contracté, elle doute de ce qu'elle ressent.

Le vendredi, elle sort en fin de matinée après deux jours d'hospitalisation. On lui explique que tout est bon et qu'elle doit revenir si de nouvelles pertes de sang apparaissent.

On la prépare également à un éventuel déclenchement la semaine suivante, et on lui donne rendez-vous le dimanche, jour du terme pour un contrôle. On lui dit de venir avec la valise car elle sera gardée même s'il est possible qu'ils attendent le mercredi pour le déclenchement.

Ils ne cessent de lui parler du petit poids de ce bébé, mais ils choisissent de la laisser rentrer pour tenter de déclencher le travail naturellement.

Elle décide d'aller promener, de marcher un maximum. Elle continue de contracter mais pour le moment les contractions ne sont pas douloureuses.

Elle se couche le soir plus tôt que d'habitude, son dos lui fait mal, elle est épuisée et sent que son corps réclame du repos.

Vers 1h du matin, les contractions s'accentuent et l'intervalle entre deux se réduit, mais elle ne s'inquiète pas car elles sont supportables.

Au petit matin, sa belle-mère s'inquiète que ce soit si rapproché et lui conseille d'aller à la maternité. Sous ses conseils, elle décide de prendre une douche avant de partir, et en se séchant elle perd les eaux, mais ce qui l'inquiète c'est que le liquide n'est pas clair mais ensanglanté.

Il est 9h30, ils prennent la direction de la maternité.

On lui confirme très vite la perte des eaux et la présence de sang.

On lui explique que la salle nature demandée dans son projet devient impossible et que le risque de césarienne est important.

On lui propose la péridurale et dans la panique de toutes ces informations elle accepte, oubliant que dans son projet elle ne la désirait pas.

Très vite elle va regretter, n'aimant pas la sensation que cela lui procure.

A plusieurs reprises, le cœur du bébé ralentit sans que l'équipe médicale ne s'inquiète.

A dilatation complète, le cœur ralentit dangereusement, on la perfuse avec médication en urgence pour stopper les contractions (qu'elle ne sent pas avec la péridurale). Grâce à cette perfusion, le cœur du bébé repart.

A ce moment-là, son cœur à elle s'emballe (dû à la perfusion) et lui donne l'impression, qu'elle va mourir.

Malheureusement, les contractions ne vont jamais revenir : bébé ne descend plus.

Elle est à dilatation complète et malgré le fait qu'il est temps de pousser pour expulser ce bébé, l'obstétricien accorde 30 min de plus pour laisser le temps au bébé de descendre encore.

Au moment de pousser, Elodie ne sent rien du tout, elle pousse dans le vide et c'est avec l'aide de spatules que l'on va lui venir en aide.

On est le 1er septembre, il est 17h23, Camille vient de naître.

On la lui pose sur le ventre, elle s'attendait à ressentir tout ce que les mamans décrivent comme premières émotions en tant que mère ; mais Elodie ne ressent rien. Elle est focalisée sur cette absence de sensation physique et ne parvient pas à laisser libre court à ses émotions.

Elle est heureuse et soulagée de voir sa fille dans ses bras, en bonne santé mais réalise que rien ne s'est déroulé comme elle l'avait souhaité. Elle regrette de ne pas avoir su imposer ses choix.

Tout le monde autour d'elle la rassure sur l'état de santé de Camille mais elle ne va retenir que le fait de ne pas se sentir vraiment maman pour le moment…

On la remonte en chambre vers 20h, elle dort beaucoup, il faut la réveiller pour la faire téter. Elodie ne réalise toujours pas : elle est allongée et un bébé est à côté d'elle.

Il lui faudra un peu de temps pour réaliser qu'elle vient d'accoucher. Pour elle, elle n'a pas vécu son accouchement, elle l'a vu de l'extérieur.

Aujourd'hui, avec le recul, elle se rend compte que les sages-femmes n'ont pas pris en compte ses demandes et se sont focalisées sur les risques sans lui parler de toutes les choses positives qu'elle a pu vivre, ce qui fait qu'elles sont passées inaperçues et ne font pas partie du souvenir de ce jour précieux.

JULIE

Je connais Julie depuis ma 1ère année de maternelle, mais étant née 1 an après moi, elle y restera 4 ans et nos chemins se sépareront pour vivre nos années primaires en décalé mais pour se retrouver ensemble pour notre dernière année de collège.

Je ne peux pas décrire Julie autrement qu'en vous disant que c'est une femme douce et simple. Je l'ai toujours connue très souriante et aujourd'hui encore, toutes les fois où je l'ai croisé, son sourire était bien présent.

Julie a vécu 3 grossesses.

Toutes très différentes.

Pour sa première grossesse, elle avait 27 ans.
Lors d'une échographie, on lui annonce que malgré le petit cœur qui bat (cœur qu'elle va entendre), ce bébé n'est pas viable et qu'elle doit se préparer à le perdre.
Elle sort de ce rendez-vous en larmes et se retrouve face au futur papa qui ne semble rien ressentir et lui dit tout simplement *« On en aura un autre ce n'est pas grave »*. Ces mots là résonneront dans sa tête très longtemps.
Elle est alors enceinte de 2 mois et demi et quelques jours, après cette échographie, elle ressent de vives douleurs au ventre et décide de se rendre à l'hôpital. On va lui prescrire 2 médicaments qui vont

lui permettre de faire sortir l'embryon. La nuit qui va suivre, va être intense en douleur et c'est au petit matin qu'elle va perdre l'embryon en allant aux toilettes.
Cela va rester pour elle, une épreuve très difficile, mais elle dit d'elle-même avoir la capacité d'arriver à enfouir les choses qu'elle ne souhaite plus subir au quotidien.

Quelques mois après, elle retombe enceinte.
Dès le début, la grossesse s'annonce difficile. À tout juste 3 mois de grossesse, les contractions commencent (les médecins estimant que cela est dû à sa maigreur). C'est une grossesse épuisante, qui fait qu'elle est très vite en arrêt maladie.

Très rapidement, lors d'une échographie, on remarque que ce bébé a un retard de croissance intra-utérin. Un lourd suivi est mis en place avec des examens et échographies réguliers.
Va s'en suivre une période d'alitement afin d'éviter un accouchement prématuré.

Par la suite, il est constaté que le bébé fait de la bradycardie et nous sommes, à ce moment là, très loin du terme.
L'hôpital où elle est suivie décide de l'envoyer sur un autre hôpital pour un examen de contrôle, n'étant pas équipé pour les bébés prématurés.

Après cet examen, l'équipe médicale va se réunir pour étudier le cas de ce bébé.

Un soir, Julie reçoit un appel du gynécologue qui lui fait un résumé de leur réunion et lui propose une amniocentèse (à 8 mois de grossesse).
À ce moment là, le papa est sous le choc et il s'imagine le pire : sans main, sans doigt, sans pied, attardé…
Mais Julie refuse l'amniocentèse et on lui annonce alors qu'un déclenchement est obligatoire par sécurité pour la vie du bébé (20 jours avant le terme).

Elle rentre à l'hôpital le 19 novembre.
On la descend en chambre, après lui avoir fait le test de l'ocytocine qui lui déclenche des contractions dont la douleur semble être

décuplée. On lui pose la pastille, qui augmente elle aussi les contractions, mais rien ne se passe dans la journée, elle reste dilatée à 2 (dans des douleurs atroces).

En fin de journée, ils décident, pour la calmer, de la changer de salle d'accouchement pour la mettre dans celle où un spa est disponible. Spa permettant aux mamans de se décontracter durant le travail mais pour Julie ce spa va être un réel échec.

En début de soirée, on la remonte en chambre pour une nouvelle nuit à l'hôpital.

Le lendemain matin on la redescend en salle d'accouchement pour tenter le gel pour la dilatation et celle-ci va commencer à se faire lentement.

La péridurale lui sera posée très tôt, et on va lui donner le bouton poussoir pour gérer elle-même sa dose.

Par la suite, on lui rompt la poche des eaux, ce qui va permettre la fin de la dilatation.

Après une poussée de 20 min, Hugo est né du haut de ses 2kg740, en ce 21 novembre 2011.

Aux premiers cris de son bébé, Julie est rassurée mais elle ne ressent aucun sentiment heureux (peut être la fatigue et la douleur comme elle me le raconte), même si aujourd'hui elle en parle avec beaucoup d'émotion.
Elle se rappelle avoir pleuré mais pas de joie, pour elle, ce sont des larmes de douleurs et d'épuisement.
Mais quand on lui pose son bébé sur elle, elle réalise que ce bébé est bien le sien.

Parfois, une expérience difficile s'efface pour une suivante meilleure. Mais parfois, la nature en décide autrement.

Julie tombe enceinte une nouvelle fois en mars 2014. Une grossesse qui commence bien mais vers 5 mois, elle se réveille en pleine nuit à cause de saignements inquiétants. La peur de mourir l'envahie, elle se retrouve en crise de tétanie, ne parvenant plus à bouger ni parler.

Elle part en urgence à l'hôpital avec le papa, laissant Hugo avec sa grand mère, présente exceptionnellement.

Le verdict tombe : son placenta a bougé, elle doit rester alitée un maximum.
Les jours passent et se ressemblent mais la rentrée en 1ère année de maternelle d'Hugo arrive et Julie ne peut se résigner à la rater. C'est donc comme une maman lambda qu'elle va mener son fils à l'école tous les matins.

Nous sommes à 30 SA lorsqu'elle perd les eaux, en pleine nuit. Hugo étant en train de dormir, elle décide de partir seule à l'hôpital et demande au papa de le gérer.

Elle est prise en charge à son arrivée, on lui place un monitoring et on lui injecte une dose de corticoïde pour tenter de rendre mature les poumons du bébé.

Julie semble alors perdue, elle a peur et l'arrivée de la gynécologue ne va pas arranger cette sensation.

Elle estime le poids du bébé à 1kg500 et se met en recherche d'un hôpital de niveau 2 pour l'accueillir et lui permettre d'accoucher dans les meilleures conditions.

Une ambulance la transfère. L'équipe médicale la prend en charge en urgence, l'installe en chambre et lui fait une piqure pour stopper les contractions.
La journée se passe malgré des douleurs très intenses.

Une psychologue vient la voir en chambre pour l'informer de la suite des évènements possibles, et la préparer à ce qu'elle pourrait voir de son enfant.

On lui administre par la suite une nouvelle injection pour aider les poumons mais ils vont supprimer celle qui stoppe les contractions. Celles-ci vont revenir dans une intensité incroyable et créer de nouvelles crises de tétanie.

Jusque là, le papa est resté auprès d'Hugo à sa demande, pour le protéger d'une séparation possiblement longue.

Lorsqu'elle l'appelle, on est en état d'urgence, bébé va arriver d'une minute à l'autre. Le temps de faire garder Hugo, il arrive quelques minutes avant qu'elle se mette à pousser pour sortir son bébé. L'accouchement est très rapide, malgré une douleur plus intense que pour la naissance d'Hugo.

Nous sommes le 26 septembre 2014, Jules vient de naitre, à 32+4 SA.

Elle aura juste le temps de lui faire un bisou avant de le voir partir en réanimation (où il passera la matinée entière).
Sans réelle émotion, encore sous le choc de tout ce qu'il vient de se dérouler.

Papa revient la voir avec une photo de Jules, et c'est le cœur rempli d'émotion qu'elle prend conscience que ce bébé est bien le sien, et qu'il est parfaitement formé (elle me parlera avec beaucoup d'émotion dans la voix de cette petite tête bien ronde).

Dans l'après midi, il rejoint le service de néonatalogie où il reste un petit peu moins d'un mois. Elle peut enfin aller le voir, elle l'entend pleurer et cela la rassure.

Au bout de 3 jours, elle souhaite rentrer chez elle, on lui propose une chambre kangourou (lui permettant de rester à côté de lui le temps de sa convalescence) mais c'est une maman rongée par la culpabilité de laisser Hugo à la maison, seul sans elle, et elle décide de rentrer et de faire les allers-retours tous les jours (et ce sont les yeux remplis de larmes qu'elle va me parler de cette culpabilité, de cette sensation de devoir choisir entre ses 2 enfants).

Jules va rester 25 jours à l'hôpital, 25 jours durant lesquels Julie va appliquer un planning stricte à sa vie : poser Hugo le matin à l'école (et devoir le laisser en larmes) et partir en direction de la maternité pour passer la journée en peau en peau avec Jules.

Aujourd'hui Jules va bien. Son suivi a été lourd à sa sortie mais aujourd'hui il est plus léger.
Jules et Hugo sont 2 petits garçons nés avec des petits poids mais aujourd'hui ils sont dans une bonne croissance.

Avec le recul, Julie arrive à dire que ce sont les 2 plus beaux jours de sa vie. La magie de l'accouchement fait que nous oublions les sensations même si nous nous souvenons de la souffrance vécue.

SANDRINE

Je connais Sandrine, car nous avons le même métier, et dans notre métier tout le monde se connaît plus ou moins.
Elle est maman de 3 enfants, 3 naissances très différentes.

Pour son premier accouchement, elle vivait aux Pays Bas. C'était il y a 11 ans.
Il faut savoir que donner la vie aux Pays Bas n'a rien à voir avec la France. Là bas, on accouche à la maison car pour accoucher à l'hôpital il faut payer.
Le suivi de grossesse est, lui aussi, différent : ce sont les sages-femmes de quartier qui viennent à domicile quand on les appelle.

Dans ce pays, les assurances envoient une caisse avec les choses nécessaires pour la sage-femme qui va assister l'accouchement.
Et une fois que le bébé est né, une doula vient une semaine à la maison, 8h par jour, pour participer aux soins du bébé, à ceux de la maman, à faire le ménage, le repas etc.

Il lui a fallu une très longue réflexion pour accepter d'accoucher à la maison mais elle a finit par se dire *« si elles peuvent, je peux »*.

La grossesse s'est déroulée de manière parfaite et un matin elle perd les eaux. Nous sommes le samedi 7 février. Elle n'a pas encore de contraction, mais prévient la sage-femme qui lui dit d'attendre que le travail se mette en place par lui-même.
Elle la rappelle le soir pour qu'elle vienne contrôler, les contractions s'étant réveillées tardivement.

Elle constate que le travail n'agit pas sur la dilatation mais elle lui laisse passer la nuit ainsi, malgré les douleurs.
N'ayant personne autour d'elle avec des enfants, elle met toute sa confiance dans les sages-femmes qui s'occupent d'elle.

Le lendemain matin, la sage-femme revient. Le col n'est qu'à 1. Elle décide de l'hospitaliser en urgence, car elle doute que le col finisse par se dilater.
Alors qu'elle avait réussi à se convaincre d'accoucher à la maison, la voilà partie pour l'hôpital dans l'angoisse la plus profonde.

En voyant Sandrine dans cet état, elle décide de l'accompagner et de venir la voir régulièrement le temps de son séjour.

L'accouchement à l'hôpital dans ce pays est un peu différent aussi, les futures mamans peuvent manger et boire car ils estiment qu'elles ont besoin de force pour expulser le bébé. Elles peuvent accoucher en musique, avec la lumière de leur choix etc.

Nous sommes aux Pays Bas, Sandrine est française, tous les échanges se font en anglais, et en ajoutant la douleur violente que l'accélérateur de contractions qu'ils lui ont perfusé a créé, Sandrine a de plus en plus de mal à communiquer, heureusement le futur papa fait l'intermédiaire.

Malgré le fait qu'elle ne la veut pas, on lui pose la péridurale, ce qui lui permet de se remettre de ses esprits et de faire naître le plus sereinement possible la petite Charlotte en ce 8 février.

Pour son deuxième accouchement, elle est de retour en France et vit proche de Paris. C'était il y a 8 ans.
La grossesse est intense en nausées et en fatigue, mais le reste se déroule bien.

Alors qu'elle fait une échographie au 7ème mois, on lui annonce que c'est une petite fille alors qu'ils avaient souhaité garder la surprise (comme pour la première grossesse).

À l'époque, elle choisit d'accoucher à la clinique par conviction (choix qu'elle regrette et qu'elle ne recommande plus aujourd'hui).

Le 27 juin 2011, à 7h30, les contractions commencent. Elle se souvient que pour Charlotte, son col était resté bloqué à 1 et elle angoisse que cela recommence.
Elle décide de rester un maximum à la maison pour être sûre de faire travailler son col du mieux qu'elle puisse.

A 13h, ils décident de partir en direction de la Clinique. Elle explique à la sage-femme qui l'accueille qu'elle ne veut pas de péridurale. On lui mesure le col : il est à 3.

Elle sent bien que la sage-femme souhaite lui poser par simplicité mais elle espère l'éviter et décide d'aller marcher, de monter et descendre les escaliers.

Au bout d'une heure, on l'examine de nouveau : le col est toujours à 3…
Son mari comprend de suite que ça ne bougera pas mais pas Sandrine. Elle pense qu'il faut encore marcher pour faire avancer la dilatation.

Elle demande qu'on lui injecte un calmant pour la soulager mais refuse la péridurale.
L'équipe médicale lui refuse expliquant qu'ils ne peuvent le faire que si l'accouchement dure au moins 2h et étant donné que c'est le second bébé, ils n'en ont pas la certitude. On lui refuse également le bain pour la soulager. On lui dit juste *« vous n'avez qu'à prendre la péridurale »*.

Elle va se rabattre sur une douche et marcher encore et encore. Le papa cherchant également à la soulager comme il peut.
Mais elle craque et demande la péridurale, avec une petite phrase de la sage-femme qu'elle n'oubliera jamais *« vous voyez, je vous l'avez bien dit »*.
Elle reste choquée devant une équipe médicale aussi désagréable.

On l'installe en salle d'accouchement pour la pose de la péridurale malgré un anesthésiste long à venir.
Elle sent la piqûre et se met à hurler (m'expliquant qu'aujourd'hui encore, elle se souvient exactement de la douleur ressentie) et s'imagine rester paralysée par la suite.

À un moment donné, elle sent que le bébé pousse et se fait hurler dessus par la sage-femme qui lui demande d'arrêter de pousser sans comprendre qu'en fait ce n'est pas elle qui pousse mais bien le bébé tout seul.
Elle lui demande d'attendre l'arrivée du gynécologue, qui arrive en courant.
La naissance est si violente qu'elle est déchirée.

Capucine vient de naître.

Pendant qu'elle se fait recoudre, l'équipe médicale installe Capucine et son papa en peau à peau.
Sandrine explique à la sage-femme que malgré la péridurale elle souffre, et le gynécologue lui répond seulement que c'est sa faute, qu'elle n'avait pas qu'à forcer si fort.
Après l'accouchement, elle va avoir mal durant des mois, va avoir du mal à marcher, à s'asseoir.

Capucine, quand à elle, s'est intégrée à la famille comme si elle avait toujours été là.

Sandrine est encore dans le traumatisme de son second accouchement quand elle apprend qu'elle est enceinte.
Elle ne vit plus sur Paris mais sur Belfort, du coup elle sait qu'elle n'aura pas la même équipe médicale, ce qui la rassure.

Elle trouve une sage-femme pour son suivi qu'elle va qualifier d'incroyable.

À 16 SA, elle fait la prise de sang pour les marqueurs sériques. Elle l'a fait en toute sérénité, n'ayant eu aucun souci avec les précédentes grossesses.
Son gynécologue l'appelle pour lui expliquer que les marqueurs ne sont pas bons. En effet, les risques sont de 1/26.
Pour confirmer le risque, il lui demande de faire une amniocentèse.
À ce moment là, son monde s'écroule.

Pour elle, l'amniocentèse n'a pas d'intérêt puisque quoi qu'il arrive elle ne le fera pas partir et elle l'aimera malgré sa différence. Mais le papa insiste pour le faire, pour savoir, afin de se préparer le cas échéant. Cet argument va être percutant et elle accepte finalement

la demande du gynécologue.
Celui-ci lui explique que le risque de fausse couche lors d'une amniocentèse est seulement de 1%.

Lors du prélèvement, la présence de Yohan n'est pas autorisée, mais l'équipe qui s'occupe d'elle est très humaine et ils la rassurent en lui disant que s'ils estiment que le besoin de sa présence devient trop essentiel, ils le feront rentrer.
La sage-femme décide de prendre la place du papa et lui explique pas à pas tout ce qu'il se passe.
Ils sont obligés de la piquer 2 fois car à la première piqûre ils n'obtiennent pas ce qu'ils veulent.

Le soir même, elle perd les eaux.

Elle est enceinte de 16SA seulement, c'est la panique, elle est hospitalisée une semaine.

À ce moment là, elle en veut à tout le monde et reste persuadée d'être dans le 1% de risque de fausse couche.

Le gynécologue lui explique qu'à 16SA, ça passe ou ça casse : soit la poche est vraiment ouverte, il n'y a plus de liquide et le bébé ne peut pas survivre, soit la poche peut se refermer, le liquide se refaire et on peut poursuivre la grossesse en étant placé sous haute surveillance.

Il lui faudra attendre 2 semaines pour avoir le résultat. 2 semaines à se torturer l'esprit, se dire que si le bébé n'a rien, elle aura pris tous ces risques pour rien…
Les résultats révèleront que le bébé n'est pas atteint de trisomie ce qui va soulager toute la famille. Au delà de cette annonce, la poche va se refermer et le liquide se refaire. Elle restera au total 2 mois allongée.
Encore aujourd'hui, la date de cette amniocentèse reste une date difficile pour elle.

La grossesse va suivre son cours, jusqu'à ce jour de décembre, où elle ressent des douleurs intenses.
Elle ne souhaite pas de péridurale et donc décide de rester un maximum à la maison, pour faire avancer le travail à son rythme.

À son arrivée à l'hôpital, elle est accueillie par une sage-femme un peu froide au premier abord. Elle lui explique ses expériences passées, le déroulement de sa grossesse et lui sort son projet de naissance (qu'elle avait minutieusement préparé). La sage-femme l'écoute, la rassure et lui explique qu'elle va faire son maximum pour suivre son projet.
Elle mesure son ventre et lui annonce un gros bébé (durant sa grossesse on lui avait annoncé 4kg donc elle n'est pas surprise à cette annonce).

Arrivée à une dilatation de 7, Sandrine est enjouée mais la sage-femme va lui stopper sa joie en lui rappelant que plus le bébé est gros plus cela peut être long…
À bout de force, elle renonce à son projet et demande la pose de la péridurale.

Il est 5h du matin, et l'anesthésiste lui pose sans aucune douleur. Malheureusement, au bout de 10 min elle réalise qu'elle n'est endormie que d'un côté. L'autre côté la fait énormément souffrir. Elle décide de se mettre dans « une bulle » pour parvenir à faire sortir ce bébé.

Nous sommes le 15 décembre 2014, Candide vient de rejoindre la famille.

Elle me racontera se souvenir de moments très précis de cet accouchement, se souvenir de cette femme qui va monter sur son ventre pour le faire descendre dans le bassin, de ce wahouu entendue à la vue du bébé.
Elle se souvient également avoir vu le papa s'effondrer en pleurs, sans qu'elle ne comprenne pourquoi.

C'est lorsqu'on va la remonter en chambre qu'elle va comprendre. La sage-femme va lui expliquer que quand la tête de Candide est sortie, le reste est resté coincé. Ils ont du lui faire une manœuvre assez violente, la sage-femme a en effet du aller chercher le bébé en enfonçant son bras.

C'est en lisant le compte rendu que Sandrine réalise qu'ils auraient pu mourir. Leur survie relève du miracle.

Pour la petite anecdote, et pour vous expliquer ce wahouu, il faut savoir que Candide est né avec un petit 4kg980 du haut de ses 57cm (et le tout sans être déchirée).

PAULINE

Pauline a 28 ans quand elle tombe enceinte. Ca fait 6 mois qu'elle est avec le futur papa et elle a déménagé il y a 1 mois (le 18 juin 2016 exactement).

Ils décident très vite de se lancer dans l'aventure d'un bébé et elle tombe enceinte directement après l'arrêt de sa pilule.

Le 18 juillet, elle tombe enceinte et le découvre le 31. Le test est peu visible, elle décide d'en refaire un le 5 août. Elle est aux anges. Elle a toujours rêvé d'être enceinte, a t-elle point qu'elle avait idéalisé la grossesse, et que la réalité n'est pas aussi belle que ce qu'elle pensait.

Elle doit trouver un médecin en urgence (ayant déménagée, elle ne connaît personne) qui lui prescrive la prise de sang de confirmation et par la suite elle va devoir aussi trouver une gynécologue.

Les trois premiers mois se passent bien, hormis une fatigue importante et quelques vomissements.

À la fin du troisième mois, elle perd un peu de sang et se rend chez sa gynécologue pour un contrôle. Elle lui annonce un décollement du placenta léger mais suffisant pour imposer un repos strict et plus de rapport avec son conjoint pendant 3 mois.

Elle est en pleine création de société donc elle va pouvoir se mettre au repos (fin 2015, elle avait fait un burn-out, et elle apprenait à savourer le bonheur de sa nouvelle vie).

Elle a un suivi strict car dans ses analyses biologiques mensuelles, les protéines dans les urines sont un petit peu trop élevées. Ce suivi va générer beaucoup de stress et de pression, ne connaissant pas les conséquences pour le bébé et elle-même.

À 7 mois de grossesse, elle contracte un staphylocoque doré au nombril, ce qui ne va pas arranger l'image réelle qu'elle se fait de la grossesse.

Lors du rendez-vous avec l'anesthésiste à 8 mois, il lui annonce qu'elle n'aura pas droit à la péridurale à cause de ses problèmes de dos (elle est née avec une malformation du dos, ses vertèbres sont soudées à plusieurs endroits de sa colonne). Elle aura juste droit à une rachi de 2h, il lui faudra alors bien choisir le moment pour la demander.
Pour elle c'est le drame, elle ne peut accepter une telle décision.
Elle s'effondre en larmes en sortant de l'hôpital, persuadée qu'elle n'arrivera jamais à accoucher.

Nous sommes le 8 avril, il est 21h lorsque les contractions s'intensifient en douleur et en fréquence. Elles sont présentes toutes les 5-10 minutes, mais elle gère bien sa douleur.

Elle se rappelle encore, ils regardaient The Voice à la télé.

À la fin de l'émission, vers 1h30, alors qu'ils s'apprête à se coucher elle lui dit dans un grand calme « je pense qu'il faut y aller ».

Dans la voiture, les contractions s'accélèrent et sont présentent toutes les 3 minutes.
Il est 2h quand ils arrivent aux urgences, directement au service maternité.

Deux sages-femmes l'accueillent dans une froideur incroyable.
Elles tentent de lui poser le cathéter, s'y reprennent 3 fois et lui éclatent une veine dans la bataille.

À l'examen, elle est dilatée à 5.
On l'installe dans la chambre 447, elle se douche et prend un laxatif pour se libérer.

On la transfère en salle d'accouchement. Papa est là, il aide et la soutien du mieux qu'il peut.

La veille, elle a fait une séance d'acupuncture et papa en profite pour lui refaire les points de pression sur les jambes et les mains.
À chaque contraction, elle ressent une douleur violente dans la hanche et le dos, cela lui comprime le nerf sciatique.

À 7h, elle est dilatée à 8. L'anesthésiste vient lui poser la rachi anesthésie. Au bout de 30 min, elle ressent de nouveau les douleurs (loin des 2h annoncées lors du rdv).

Les contractions s'intensifient de plus en plus.
Mais le bébé est bien trop haut pour se dire que la délivrance est pour bientôt.

Elle essaye de pousser dans l'espoir de la faire descendre mais on lui explique qu'en réalité, elle fait le yoyo.

Le gynécologue vient la voir et lui demande de pousser plus longuement pour la faire descendre.

Elle y met sa rage, hurle sa douleur et petit à petit, le bébé descend. Les cheveux apparaissent, et sans demander l'avis de Pauline, le médecin invite le papa à venir voir (chose qu'elle ne voulait absolument pas).

Malgré la douleur, elle continue de pousser (une poussée qui va durer 2h).

Il est 9h35, la petite L. vient de naître.

On lui pose sur elle, mais elle ne la voit pas (la position n'est pas adaptée pour)
Papa coupe le cordon, et L. pousse son premier cri.

Sans prévenir, la sage-femme appuie sur le ventre de Pauline pour expulser le placenta (sans lui demander de pousser).

Le placenta tombe au sol, sur les pieds du gynécologue qui n'avait pas eu le temps de mettre ses sabots et qui avait juste eu le temps de mettre des surchaussures.

Papa part avec L. pour les premiers soins pendant que Pauline se fait recoudre les 12 points.
Ils l'installent en peau à peau avec papa pour la plus grande fierté de Pauline.

Le lendemain, on les transfère sur une maternité plus cocooning et plus près de leurs domicile.

Le séjour à la maternité est difficile pour Pauline qui ne veut voir personne et le peu de visites lui crée un énervement intense (entre ceux qui arrivent en retard et casse son planning précis, ceux qui viennent à l'improviste ect).
Le baby blues se crée et semble prendre une vraie place dans sa vie.

Elle va l'allaiter 3 semaines seulement, afin de lui donner le meilleur pour ses premiers jours de vie, mais n'y prendra aucun plaisir.

Aujourd'hui, la relation mère-fille est très compliquée : elles sont dans le conflit comme deux enfants, Pauline est très exigeante et dure avec elle et L. la rejette énormément. Elle n'hésite pas à la repousser, lui enfonce les ongles quand sa maman lui tient la main, et fait tout ça discrètement pour que personne ne la voit.

Elle est allée jusqu'à dire à son papa (devant sa maman, assise à côté) que sa maman était morte et qu'elle était au ciel (des mots durs qui vont obliger Pauline à monter se cacher pour pleurer).

Papa ne comprend pas que son soutien est essentiel, pour lui c'est seulement un mauvais jeu ridicule .

Pauline est à la fois protectrice et très détachée (elle peut laisser sa fille chez la nounou de 7h30 à 18h facilement).
Mais quand L. est là, Pauline a besoin de ses câlins, ses bisous, ses je t'aime quand elle veut bien en donner.

Elle va bientôt avoir 3 ans, c'est une petite fille intelligente, pleine de vie, curieuse, maligne et très séductrice.

Aujourd'hui, pour toutes ces raisons (grossesse, accouchement et relation avec L., ainsi que d'autres raisons plus personnelles), ils ne souhaitent pas de second enfant.

NATHALIE

Nathalie est une maman de 45 ans lorsqu'elle tombe enceinte de son 4ème. C'est un bébé surprise mais ils décident de le garder.

La grossesse se déroule très bien. Bébé est annoncé pour le 14 juillet.

En fin de grossesse, la fatigue se fait ressentir de manière plus intense et lors d'un rendez-vous avec son gynécologue, elle demande un déclenchement, mais son gynécologue n'est pas favorable.

Le 13 juillet, elle n'a aucun signe particulier juste un sentiment de mal-être et décide de se rendre à la maternité. On lui installe un monitoring et l'équipe médicale décide de déclencher l'accouchement car le bébé souffre d'hypoglycémie.

On lui pose la perfusion et on l'installe dans une petite salle en attendant l'arrivée de l'anesthésiste pour la pose de la péridurale. Une fois celle-ci posée, elle a l'impression que les battements du cœur de son bébé faiblissent et elle appelle la sage-femme pour avoir confirmation, qui appelle à son tour le gynécologue qui décide, en voyant les battements de cœur du bébé, de procéder à une césarienne en urgence.

Dans le bloc, l'anesthésiste est à côté d'elle, rassurant, alors que le gynécologue ne lui adresse pas un seul mot. Papa attend à l'écart en dehors de la salle d'accouchement.

Il est 8h, en ce 14 juillet 2008 lorsque Nathalie met au monde son 4ème bébé, un petit garçon appelé Pierre.

On ne lui montre pas et on le mène dans une pièce annexe. On explique au papa que son bébé est en couveuse sous bulle d'oxygène car il a « un petit peu de mal à respirer » (terme utilisé par le pédiatre).
On ramène Nathalie par la suite en chambre, en lui expliquant que pour le moment elle ne peut pas le voir.

Dans la nuit du 14 au 15, le pédiatre vient la voir en chambre et lui explique que son bébé ne va pas bien et qu'il est transféré au CHU. Elle ne l'a toujours pas vu et semble survoler la situation, comme si elle ne comprenait plus rien. Elle appelle son conjoint qui part rejoindre Pierre.

Au petit matin, on lui explique que son bébé va bien, que « tout est sous contrôle ! »
Dans la foulée, son mari l'appelle et lui annonce que le médecin de la réanimation pédiatrique va l'appeler pour lui expliquer la situation car c'est bien plus grave que ce que la clinique veut bien leur dire. Il est en larmes au téléphone, elle ne comprend pas vu qu'ici tout le monde se veut rassurant.

Le médecin de la réanimation pédiatrique l'appelle et lui explique que la situation est grave.
Le SAMU a intubé leur bébé à la clinique avant de partir (il ne pouvait pas attendre d'arriver au CHU), et il a été placé en coma artificiel. Son pronostic vital est engagé.

Dans la suite de cet appel, Nathalie annonce à la sage-femme qu'elle veut partir et que si on ne l'autorise pas elle est prête à signer une décharge, mais qu'elle doit aller retrouver son fils qui a besoin d'elle.

Le gynécologue autorise cette sortie et appelle une ambulance pour l'accompagner.

En arrivant au CHU, elle est prise en charge par une sage-femme qui craint pour la santé de la maman mais qui va la mener voir son bébé.

Le premier regard qu'elle va avoir de son fils est cette chambre avec son bébé branché de partout, sous assistance respiratoire. Le médecin va être très honnête avec elle et ne va pas lui cacher que le pronostic vital est engagé.

Il lui explique que vu son âge, son accouchement aurait du être déclenché et que son bébé a fait ses selles dans le liquide amniotique et les a avalé, ce qui a noyé ses poumons.

Il va rester 3 semaines dans le coma mais au bout de 48h son pronostic vital ne sera plus engagé.

Durant ces 3 semaines, Nathalie va tirer son lait et le donner au lactarium dans l'espoir de pouvoir l'allaiter à son réveil.

Elle sait que les chances d'y arriver sont minces mais elle veut le tenter et elle aura raison d'y croire car son allaitement sera une réussite.

Quand tout va rentrer dans l'ordre, on va lui annoncer qu'il a été en mort cérébrale et qu'il va y avoir une longue série d'encéphalogrammes à faire.

Il va sortir de l'hôpital au bout de 5 semaines.

Aujourd'hui, il va avoir 12 ans et il est en pleine forme d'un point de vue physiologique. Pour la partie psychologique, il en est tout autre, il a peur de la mort et de la séparation avec sa maman. Ils ont recourt à des thérapies alternatives pour essayer de soigner tout ça (sophrologie, hypnose ect). Il fait également des crises d'angoisse à l'école sans pouvoir en déterminer les causes. Le 14 juillet restera une date compliquée les 2 premières années, mais aujourd'hui, ils en ont fait une force pour avancer…

SANDY

Avant de vous raconter l'histoire de Sandy, il est important pour moi de vous dire combien je respecte et combien je suis admirative de toutes ces femmes qui ont recours à la PMA. Ces années de difficultés pour fonder sa famille, quand d'autres y arrivent en un claquement de doigts. La nature n'est pas toujours équitable et je suis admirative de la force interne de ces femmes.

Sandy est tombée enceinte après 3 ans et demi de parcours PMA. Très rapidement sa grossesse se complique, à 3 mois on lui diagnostique un utérus contractile. Bébé est très bas et inséré sur le col.

A 22 SA elle perd la moitié du liquide amniotique.
Sa grossesse va très vite devenir médicalisée entre les petits séjours à l'hôpital, les visites de la sage-femme tous les 2 jours et le contrôle du col et du liquide toutes les semaines.

Avec Nicolas, ils ont préparé un projet d'accouchement au plus naturel possible. En effet, elle appréhende une anesthésie trop forte.
Lors de son rendez-vous avec l'anesthésiste, elle va rencontrer une personne très à l'écoute qui va la rassurer.

Elle lui explique être très sensible aux médicaments (un doliprane la fait dormir). Elle espère avoir une anesthésie douce pour maitriser son corps, ses contractions et son accouchement.

Le 25 janvier 2014, elle perd les eaux et part donc en direction de la maternité.
En arrivant, elle tombe sur une équipe médicale parfaite, ce qui la soulage.
Malheureusement, les contractions qui se mettent en place n'agissent pas sur le col.
Pour éviter une césarienne et afin de rester au plus proche de son projet de naissance, les sages-femmes vont à tour de rôle leur faire de l'acupuncture et de lui administrer de l'homéopathie.

Elle me confiera ne pas avoir le souvenir des heures, elle est incapable de se situer dans le temps, elle se rappelle juste que cela a duré 48h.

À la demande des sages-femmes, elle est mise sous morphine pour pouvoir dormir car elle est épuisée. Elles en profitent pour lui administrer de l'ocytocine pour accélérer le travail. Son col arrive à 3 avec difficulté.

Malgré son projet de naissance, la péridurale lui est posée et en quelques minutes elle ne sent plus son corps.
Elle se souvient avoir beaucoup vomi, avoir eu la tête qui tourne et ne plus réussir à lever les bras.
Lorsque l'anesthésiste revient la voir, elle lui fait part de sa situation et lui demande s'il a bien lu son dossier pour doser l'injection.
Il lui répondra ne pas avoir le temps de lire les dossiers et connaître son métier, puis il partira, la laissant inerte et les sages-femmes mal à l'aise.

Elle ne parvient pas à bouger et à cela, se rajoute le fait qu'elle a du mal à respirer, lui donnant l'impression qu'elle est en train de mourir.

On lui administre de nouveau de l'ocytocine pour accélérer le travail ainsi qu'un médicament pour éliminer l'anesthésie de son corps. Elle va accoucher par voix basse après des poussées interminables, n'ayant plus de force et ne sentant aucune contraction.

Nous sommes le 27 janvier, Maélie vient de naître.

Elle garde en mémoire, au delà de son bonheur d'être maman, le souvenir de cette équipe formidable, rassurante et à l'écoute.

AMELIE

Amélie est mariée et a 2 enfants, Arthur de 8 ans et demi et Cléo qui a quelques mois. Mais elle gère une famille atypique de 4 enfants car elle est également famille d'accueil et vit avec des jumeaux de 2 ans depuis qu'ils ont 10 jours.

Quand est venue l'envie de faire un second enfant, le projet a été retardé par la mutation de son mari militaire dans les landes.

En 2017, ils décident de se lancer dans l'aventure d'un second bébé et elle prend rendez-vous chez son gynécologue pour enlever son stérilet.
Pour l'anecdote, cela faisait 6 ans qu'elle n'avait pas fait de contrôle.
Lors de l'auscultation, il détecte des tumeurs utérines bénigne.
Il lui annonce alors, sans grande délicatesse, qu'il faut l'opérer pour lui retirer les trompes et l'utérus et que du coup elle ne pourra plus jamais avoir d'enfant.

C'est le choc, la descente aux enfers pour elle.
Elle sort du rendez-vous avec une nouvelle date de rendez-vous respectant les 15 jours de délai de réflexion obligatoire.

Elle est en larmes et appelle son mari qui la rejoint directement en ville. Il évoque directement de prendre un second avis médical avant de se lancer dans une opération si lourde.

Elle se souvient encore aujourd'hui de la maladresse de sa maman qui lui dira : *« ce n'est pas grave tu as déjà un enfant »*. Elle sait qu'il n'y avait aucun mal dans cette phrase et que c'était une manière d'y voir du positif, et à ce moment là elle choisit de faire l'impasse sur cette phrase.

Elle prend donc contact avec un gynécologue conseillé par une amie qui lui confirme la présence des tumeurs mais lui annonce que c'est opérable sans aucune ablation.
Il ne peut leur certifier qu'ils réussiront à avoir un second bébé, mais rien ne présage que ce soit impossible.

L'opération est lancée et douloureuse.
Une fois le délai de cicatrisation passé, ils mettent en route un second bébé et un an après elle tombe enceinte, mais ne s'en rend pas compte de suite.

À l'époque, ils viennent d'acheter une maison et ils sont en plein travaux. Amélie est très ouverte sur les échanges énergétiques et a pour habitude d'écouter son corps. Et étrangement, elle s'interdit de porter des éléments lourds.
Un matin d'octobre elle fait un test : il est positif. Ils sont aux anges de cette grossesse presque miraculeuse. Elle vit un début de grossesse idéale, elle n'a pas de nausées, ne s'interdit rien vu qu'elle écoute son corps comme elle l'avait fait pour Arthur (avec une grossesse parfaite).

Le premier rendez-vous chez le gynécologue se passe bien, tout va bien, bébé est en pleine forme. Mais elle n'est pas immunisée contre la toxoplasmose.

À deux mois de grossesse, elle fait sa prise de sang mensuelle et attend les résultats (qui arrivent en générale le lendemain matin).

Mais le lendemain elle n'a aucune nouvelle. Elle décide d'appeler et on lui explique alors que l'interprétation des résultats n'est pas finie mais qu'elle devrait recevoir le mail en fin de journée.

Le lendemain, elle rappelle et la secrétaire lui passe le médecin, ce qui l'inquiète. Le médecin lui explique, dans son jargon, que les résultats sont ambigus, ils ont donc été envoyés sur Paris pour un second avis (le seul laboratoire qui gère les cas de toxoplasmose positifs). Il lui demande de rentrer en contact avec son médecin car ils ne sont pas certains encore du moment où l'infection s'est déclarée et les effets de transmissions ne sont pas les mêmes selon la période d'infection (au premier trimestre, le cerveau et les organes du bébé se forment, du coup les séquelles sont plus importantes). L'idéal serait que l'infection se soit déclarée avant de tomber enceinte.

En attendant les résultats, et dans le doute, un protocole se met en place avec un suivi sanguin, une recherche de toxoplasme, des échographies et une amniocentèse ainsi qu'un traitement qui fait barrière contre les toxoplasmes.

Cette grossesse miraculeuse subit un frein car ils ne savent pas s'ils pourront aller au terme.
Son docteur est très à l'écoute et leur explique que de nos jours ils n'imposent plus l'interruption et que ce choix, aussi dur qu'il soit, leur revient.
Pour Amélie, il est dur d'imaginer qu'Arthur soit fils unique (les jumeaux sont là, mais ils peuvent partir à tout moment).
Le temps que tout se mette en place, ils ne se projettent plus, n'en parlent plus (comme si tout avait été mis sur pause).
Ils expliquent à Arthur la situation pour qu'ils comprennent que le bébé est sous surveillance et sa maman aussi.

Les mois passent, bébé grandit bien mais les résultats oscillent.

Décembre arrive et l'amniocentèse se met en place.

L'idée de ce qu'il va passer la stresse (mais comme elle me l'expliquera, il faut le vivre pour savoir ce qu'on ressent, c'est une étape inexplicable).

À l'approche de la date, elle ne veut plus y aller car, pour elle, quoi qu'il arrive ce bébé est le sien, elle l'aime.

Mais pour le papa, tout est différent. Il veut savoir ce que leur réserve l'avenir, ce qu'ils vont pouvoir donner à ce bébé (si ce bébé est handicapé, que deviendra t-il lorsqu'ils ne seront plus là ? deviendra t-il l'héritage forcé d'Arthur ? Est-ce normal d'imposer une telle chose à un enfant ?)

Il arrive à la convaincre grâce à ses arguments (Christophe est un mari très à l'écoute et d'un excellent soutien, une confiance mutuelle existe entre eux).

Nous sommes le jour J. Elle se présente à l'équipe qui les attend.

Papa est en retard, du coup elle se présente seule.

Trois personnes vont la prendre en charge : une gynécologue, une aide-soignante et une infirmière. L'examen se fait sous échographie afin de savoir exactement où se plante l'aiguille. Malgré l'absence de Christophe, elle se sent entourée et soutenue (et elle sera éternellement reconnaissance de leur bienveillance).

Elle n'oubliera jamais le moment où l'aiguille se plante : la gynécologue est debout et elle appuie de toutes ses forces pour traverser la membrane utérine qui semble très épaisse (la résistance des membranes est incroyable).

L'aide soignante, pendant ce temps là, tient l'appareil échographique et l'infirmière lui tient la main, lui parle et lui explique exactement le déroulement de la procédure, pour la rassurer sur l'inconnu auquel elle fait face.

Amélie tente de se concentrer sur sa respiration pour canaliser ses angoisses.

Elle se souvient encore des bruits à chaque traversée de membranes, de ces « clacs » qu'elle entend à travers son corps (comme si cela résonnait en elle).

Le retrait de l'aiguille se fait en 1 seconde, en tirant d'un coup sec, sans aucune douleur.
La gynécologue se veut rassurante en expliquant que pour elle le liquide est clair et qu'elle est très confiante. Cette confiance ne suffit pas à la future maman qui doit attendre un mois avant de pouvoir recevoir les résultats.

Entre temps, Christophe est arrivé mais il a du attendre derrière la porte car il était impossible d'interrompre la procédure.
En le voyant arriver, Amélie s'effondre en larmes (le soulagement de le voir, que ce soit fini, la relâche du stress).
Il sait qu'elle n'est pas démonstrative de sentiments (sauf pour ses enfants), et il est habitué, mais lorsqu'il va la prendre dans ses bras, elle va lâcher prise et le serrer fort.
Elle se souvient encore de ses mots : « C'est passé, tu es forte, maintenant on va attendre les résultats ».

Elle va me confier que la procédure n'est pas douloureuse mais qu'elle est extrêmement effrayante. Il n'y a que 1% de risque de fausse couche mais ce sont ces 1% sur lesquels les futures mamans se focalisent, oubliant les 99 autres pourcents.

Quelques jours après, une grosseur douloureuse apparaît.
Christophe vérifie si cela correspond au point de piqure de l'amniocentèse mais il réalise que ce n'est pas le même endroit, ce qui va les soulager dans un premier temps.
Elle décide de consulter, et son docteur l'envoi faire une échographie de contrôle (elle est à ce moment là à quatre mois de grossesse).
Il lui explique que ce n'est pas une déchirure abdominale, elle pense alors à de la fatigue (elle porte beaucoup les jumeaux malgré sa grossesse difficile), mais il va alors lui annoncer que c'est une hernie inguinale.

Il faut opérer.
Lors de cette échographie, il lui annoncer qu'elle attend un petit garçon.

Elle prend rendez-vous en urgence avec le chirurgien qui lui confirme l'importance de l'opération. Elle est sous le choc de devoir être opérée alors qu'elle est enceinte.
Mais la grossesse va étirer et étrangler la hernie ce qui risque de provoquer un éclatement et donc à terme la perte du bébé (l'éclatement provoquerait une hémorragie interne fatale pour le bébé et la maman).
À ce moment là, elle ne comprend pas : Pourquoi on lui fait subir tout ça ? Pourquoi elle ? Qu'a-t-elle fait pour vivre tout ça ?

L'opération est programmée pour fin janvier en hospitalisation ambulatoire (en rachi anesthésie). Elle rentre le matin, avec la présence de ses parents venue l'aider les premiers jours pour gérer Arthur et les jumeaux. On lui fait une échographie de contrôle et on lui annonce que ce bébé n'est pas un garçon mais une fille. En rentrant au bloc ses seuls mots sont : *« Faites attention à mon bébé… »*
Ce à quoi le chirurgien va lui répondre : ne vous inquiétez pas, je ne vais même pas le chatouiller.

De nouveau, elle va avoir la chance d'avoir une infirmière à son écoute qui va la rassurer et lui décrire toutes les étapes de l'opération, comprenant sa détresse et son inquiétude (aujourd'hui encore, elle remercie Claire).
Toutes ces petites attentions permettent de dédramatiser la situation aussi inquiétante qu'elle soit. L'opération est une réussite. L'anesthésie devant durer 2h, ils ne l'ont pas sondée, mais finalement elle va rester une partie du corps endormie durant 5h.

Lorsqu'elle retrouve l'utilité de ses jambes, elle ne parvient pas à aller aux toilettes malgré l'envie.
Une des infirmières qui tournent dans le service, travaille, par

chance en service urologue et lorsque Christophe lui explique la situation elle va comprendre en une seconde qu'il faut la sonder en urgence, pour libérer la vessie trop pleine.

On lui propose de passer la nuit sur place mais elle refuse, préférant rentrer chez elle auprès des siens.

Les quatres jours suivants sont difficiles car le doliprane (seul médicament autorisé) ne fonctionne pas. Mais bébé va bien et pour elle, c'est tout ce qui compte.

Les résultats de l'amniocentèse tombent : le liquide amniotique est clair et non infecté par le toxoplasme.

Au 5ème mois, on lui explique que les risques d'infection se réduisent au fur et à mesure de la grossesse et à partir de ce moment là, ils vont commencer à profiter de cette grossesse de ce ventre qui s'arrondit. Ils se projettent enfin sur l'avenir avec leur bébé.

Ils se sentent libérer, ils se sentent enfin vivre…

Lors d'un rendez-vous avec son docteur, celui-ci leur demande de voir avec l'hôpital si l'accouchement par voix basse est encore possible à la vue de son utérus cicatriciel.
Elle rencontre le gynécologue de l'hôpital et leur explique la situation de son dossier.
Après étude de celui-ci, elle leur confirme qu'ils ne prendront aucun risque et que ce bébé naîtra sous césarienne.
La date est fixée 3 semaines avant le terme pour éviter que le travail ne commence.
Toutefois, si le travail commence il faudra venir rapidement à la maternité pour une césarienne en urgence.

La césarienne est prévue pour le mercredi 5 juin.
Ses parents doivent arriver le samedi 1er pour prendre leurs marques avec les enfants.

Mais le vendredi 31 mai, alors que les jumeaux sont en visite chez leurs parents elle décide d'aller faire quelques courses pour le week-end à venir.
Elle rentre, décharge, range, fait un peu de ménage et retourne chercher les jumeaux après le repas du midi pour les mettre à la sieste.
Elle se pose pour manger et s'allonge un peu sentant son ventre tirer (comme souvent quand elle en fait un petit peu trop).

Mais cette fois-ci, les contractions ne s'arrêtent pas comme habituellement.
Elle part chercher Arthur à l'école tout en continuant de contracter, et en rentrant elle réalise qu'un des jumeaux à des boutons d'épidémie.
Elle attend son mari pour aller chez les docteurs, mais contrairement à d'habitude, elle lui demande d'y aller tous ensemble (habituellement elle y va seule pendant qu'ils gardent les autres enfants à la maison).

Sur la route, elle compte les contractions et réalise qu'elles sont toutes les 6min environ. Elle s'inquiète mais souhaite d'abord montrer le jumeau au docteur.
En salle d'attente, les contractions s'accélèrent et passent à toutes les 3 min.
Elle demande à Christophe d'appeler ses amis pour savoir s'ils peuvent récupérer les enfants en sortant de chez le docteur. En arrivant à la maison, elle ne parvient pas à sortir de la voiture seule.
Il va l'aider puis, pendant qu'elle se repose, il prépare les enfants, les fait manger et prépare la valise pour la maternité.

Ils posent les enfants au bord d'une route pas très loin du restaurant où leurs amis passent la soirée (et ce détail va perturber énormément Amélie qui a l'impression d'abandonner ses enfants).

En arrivant à l'hôpital, elle réalise que la gynécologue de garde est celle qui doit lui faire la césarienne.
Elle ne prend pas la peine de lui faire un monitoring et la conduit directement au bloc opératoire.
Elle demande à Christophe de rentrer avec elle (ce qui va soulager Amélie et lui permettre de se détendre).
Elle ne craint pas les aiguilles mais la rachianesthésie l'angoisse.

Alors qu'ils sont en train de faire sortir son bébé du ventre, elle est perturbée de les entendre discuter de leurs petites vies tranquillement, comme si elle n'était pas là.
Elle tourne la tête, regarde Christophe et décide de se focaliser sur lui.
Ils vont parler du baptême de ce bébé, de la déco ect.
Elle ne se souvient pas de la durée de l'intervention mais n'oubliera jamais le : *« votre fille est là »*. Son plus beau rendez-vous amoureux…

Nous sommes le 31 mai, Chléo vient de rejoindre cette famille atypique pour le plus bonheur de sa maman qui avait toujours dis ne pas vouloir de fille et qui aujourd'hui remercie l'univers de ce cadeau.

Ils vont lui laisser 20 min le bébé avec elle au lieu de l'emmener directement comme dans la plupart des cas.

Elle va comparer son bonheur à celui qu'on ressent quand il neige en pleine nuit que tu te réveilles le matin et que la neige n'est pas abimée, qu'elle n'a aucune trace, qu'elle est juste parfaite.

Ils vont l'emmener lui faire les soins et elle passera 2h en peau à peau avec son papa.

Quand elle remonte en chambre, ils sont là, à l'attendre…

Malgré toutes les difficultés rencontrées, elle a choisi de tout ranger dans des cases pour avancer.

Aujourd'hui Chléo va bien, elle grandit bien. Mais Amélie culpabilise de lui imposer tous les examens obligatoires pour contrôler sa croissance.
Elle reste frustrer de ne pas avoir pu profiter pleinement de sa grossesse et de n'avoir pu avoir réellement que 3 mois et demi de grossesse à vivre.

C'est la raison pour laquelle, elle aimerait un 3ème enfant, mais elle m'a demandé de ne pas le dire au papa (NDLR j'espère qu'il ne lira pas cette phrase).

Elle, qui souhaitait une petite différence d'âge entre ses 2 enfants, ne regrette pas la grande différence d'âge qu'ils ont car aujourd'hui, leur lien est incroyable ; Arthur est très protecteur avec sa sœur (tout comme avec les jumeaux) et Chléo n'a d'yeux que pour son frère.

CHARLOTTE

Charlotte n'a pas tout a fait 30 ans quand elle décide de faire un bébé. Elle a toujours eu le contrôle de sa vie, et a toujours tout réussi du 1er coup : le Bac, le Permis, son Diplôme de Prof de Danse.

Au bout de 2 mois, elle tombe enceinte, le timing parfait qui lui permet de finir son année de danse car le terme est prévu pour début juillet.

Elle va vivre une grossesse idéale (hormis quelques nausées), elle est immunisée contre la toxoplasmose et ne fera pas de diabète gestationnelle.

À ce bonheur va se rajouter l'annonce du sexe du bébé : un petit garçon, son rêve.

Elle va vivre un accouchement au top : Elle va perdre les eaux à 1h du matin, va prendre la route pour la maternité, on va lui poser la péridurale et elle va profiter à fond de cet accouchement (un peu long, 18h mais c'est un premier donc elle s'y était préparée).

Abel va naître le 28 juin. Il va bien, il est bien formé et chevelu comme elle l'espérait.

Les deux premières nuits se passent et lors de la troisième, à 3h du matin, il se met à se vider, à vomir par la bouche et le nez. Charlotte se retrouve face à son fils, sans savoir par quoi commencer, un peu perdue.

À partir de ce matin, il ne va cesser de pleurer. Au quatrième jour, une auxiliaire leur annonce qu'il s'agit d'un simple reflux, que le lait doit être épaissi et le matelas relevé. Charlotte ne connaît pas cette pathologie mais est confiante face aux solutions proposées par l'auxiliaire.

Malheureusement, ces solutions ne fonctionneront pas réellement. Malgré le lait épaissi et le Gaviscon, il ne va dormir que par tranche de 10 minutes. À partir de là, Charlotte va avoir l'impression d'être en prison, entourée de hurlements permanents. Elle n'a plus de vie.
Elle avait conscience qu'un bébé changeait la vie, mais elle n'avait pas prévu autant.
Elle se retrouve face à un bébé qui refuse de manger (par crainte de souffrir sûrement) mais qui hurle de faim.
Un jour il fait un malaise, reste tout blanc une longue minute et fini par reprendre des couleurs. Elle mettra ce malaise sur le compte d'une fausse route.

Alors qu'il n'a que trois mois, il va rester plus de 10h d'affilée sans cesser de pleurer et elle va alors le mener aux urgences, papa étant absent (en déplacement professionnel) et maman étant aussi inquiète qu'épuisée pour réussir à trouver une alternative.

Le pédiatre qui va prendre en charge Abel, va alors décider de doubler la dose de médicaments, et estimer que cela suffira à faire évoluer son reflux.

Il lui précise également que tout ira mieux quand il se tiendra assis.

C'est une maman pleine de larmes qui va me confier qu'elle est, à ce moment là, jalouse du papa qui travaille et qui n'entend pas les cris, qu'elle a eu tellement de fois envie de le passer par la fenêtre, qu'elle regrette d'avoir fait un enfant pour vivre ça et qu'en même temps elle culpabilisait d'avoir de telles pensées.

Le papa fait son maximum pour lui permettre de dormir les week-end, de prendre le relais dès qu'il peut.
Pour lui permettre « de sortir de sa prison », il lui laisse profiter de moments entre copines au calme, alors que lui ne profite de ce calme que lorsqu'il part travailler, estimant que cela représente déjà énormément de temps.

Elle a conscience qu'il n'y est pour rien, qu'elle a de la chance car il n'a pas de maladie grave.
Mais ce qui est dur pour elle, c'est que ce reflux, ce fameux RGO dont tout le monde parle (et donne son avis sans forcément l'avoir vécu), c'est tous les jours, toute la journée.
Elle n'a aucun répit, elle ne peut pas l'allonger.

Elle va m'expliquer qu'il dort tellement verticalement qu'ils sont obligés de lui coincer une serviette sous les fesses pour éviter qu'il glisse.

Pour la rassurer, on lui explique qu'à la diversification ça va s'arrêter, mais la réalité est toute autre : les repas restent un moment d'angoisse, il ne prend pas plaisir à manger et à chaque poussée dentaire le calvaire recommence.

Elle ne va découvrir le premier sourire de son fils qu'à 5 mois, jusque là tout n'était que grimace de douleurs.

Aujourd'hui, Abel a 14 mois et le calvaire semble enfin fini.
Elle commence à profiter de son fils, à apprécier d'être maman.

Elle garde tout de même la sensation qu'on lui a volé 14 mois de vie, de bonheur, de son enfant, de ce lien si précieux entre une mère et son fils.
Elle réalise que de nombreux bébés ont la même pathologie mais que personne n'en parle, ou alors que les gens minimisent, voir préfèrent même oublier.

Elle me parlera également de toutes ces personnes qui osent dire *« oui, tous les bébés régurgitent le trop plein de lait »* et de ce besoin de devoir se justifier sans cesse pour préciser que non c'est n'est pas la régurgitation d'un trop plein mais que ça peut arriver 3h après également.

Bien souvent ces personnes là, ne le vivent même pas, elles donnent un avis sans avoir vécu cette pathologie au quotidien.

Toute cette histoire lui aura appris à ne plus juger les gens, à savoir *« accueillir la parole de quelqu'un en étant une oreille et non une bouche »*.

Charlotte a conscience que son histoire est banale et qu'elle finit par passer avec le temps, mais elle en souffre car elle estime que ça lui a volé le lien normal qu'on crée avec son enfant, le plaisir de materner et cocooner son bébé.
Elle ne sait combien de fois elle a souhaité s'enfuir et tout abandonner, le tout rongée par sa culpabilité.
Elle se souvient avoir détesté son fils pendant 8 mois tout en l'aimant d'un amour indescriptible.

Aujourd'hui, elle doute d'être capable d'envisager un second enfant, de peur de revivre la même histoire.
Pour le moment elle se sent trop angoisser, et pas complètement rétablie de cette dépression post-partum, qu'elle aurait pu éviter si

elle avait pu en parler, si on lui avait donné les bons conseils.

Aujourd'hui, Abel est un petit garçon plein de vie, qui a su malgré tout tisser un lien particulier avec sa maman, comme s'il avait compris que personne n'était responsable de rien.

ANNY

J'ai connu Anny pour son mariage, j'étais sa photographe.
Si je devais résumer Anny en une anecdote je vous dirais que ce
jour là (donc le jour J, celui qui fait réveiller les futures mariées à 5h
du mat, à cause du stress), j'ai réveillé Anny en arrivant chez elle…
Je vous laisse imaginer le fou rire…

Et je peux vous dire qu'elle ne laisse rien paraître de ses souffrances
(sûrement dû à son métier de pompiers), car j'ai découvert son
histoire en écoutant ses témoignages.

Elle tombe enceinte pour la première fois en 2009. C'est un petit
garçon qui doit venir agrandir cette famille recomposée. La
grossesse se passe bien, laissant présager un accouchement
classique.

À 39 SA, les contractions commencent.
Ils travaillent dans un corps de métier d'urgence, elle ne panique
pas et elle laisse le travail se faire chez elle, prenant même le temps
d'une petite douche.
Elle appelle la maternité qui, en regardant leur dossier, leur dit de
venir sans stress que ce ne serait pas pour aujourd'hui.

Ils prennent la route pour la clinique tranquillement, sans valise, et une fois sur place on l'installe en salle de préparation avec un monitoring.

Tout se passe bien, la dilatation se fait lentement donc l'équipe leur annonce qu'ils vont finalement rester sur place, demandant tout de même à Cyril d'aller chercher les valises (priant d'être assez rapide pour ne rien rater).

À un moment donné, ils réalisent que les contractions mettent le bébé en souffrance et ils décident de basculer sur une césarienne en urgence.

Elle qui avait choisi d'attendre le plus longtemps possible pour se faire poser la péridurale, elle est frustrée de se dire *« tout ça pour rien »*. On la mène en salle de césarienne, Cyril attendant dehors. Elle se retrouve face à une gynécologue odieuse et toute une équipe qui vont lui ouvrir le ventre pour faire sortir son bébé sans se soucier de la présence de la future maman et en discutant sur la situation comme s'ils étaient seuls.

Nous sommes le 10 juillet 2010, Mathyas vient de naître (le cordon ombilical autour du cou, ce qui explique la souffrance à chaque contraction et son cœur qui ralentissait).

Ils ne prendront pas le temps de lui montrer son fils avant de l'emmener aux premiers soins et de le confier à son papa, le temps de la recoudre ; un papa en larmes (et quand on connaît Cyril, on sait que ce détail est très important).

Elle retrouve son fils avec son papa en salle d'accouchement pour le peau à peau et la tétée d'accueil, et c'est ensemble qu'ils remontent en chambre.

C'était il y a 9 ans, la souffrance psychologique ressentie n'est toujours pas acceptée, cette césarienne reste un traumatisme.

Elle retombe enceinte en 2013.
La grossesse se passe bien elle aussi, elle est bien suivi et va prier durant 9 mois de ne pas avoir de césarienne.

Les contractions démarrent, ils s'organisent rapidement pour faire garder Mathyas et ils partent en direction de la clinique.
Ils arrivent à la maternité, on l'installe en salle pour lui faire le monitoring de contrôle.

Plusieurs heures passent et la dilatation ne se fait pas et on l'installe de nouveau pour une césarienne dans une détresse absolue.
Cette fois-ci, Cyril est autorisé à rentrer dans la salle et à rester près d'elle.
Le gynécologue est agréable et la césarienne se fait en chanson pour détendre les futurs parents.
C'est une maman triste mais apaisée qui va accueillir ce second bébé.

Nous sommes le 2 mars, Baptyste vient de rejoindre la tribu.

Très vite, ils remarquent qu'il a des traces sur le visage et l'équipe médicale les rassure en leur disant que les traces vont disparaître, qu'elles sont dû au fait que bébé a poussé trop longtemps sur un col fermé.

Baptyste a bientôt 6 ans et les marques sont toujours présentes.
Ce qui laisse Anny rongée par la culpabilité, estimant qu'elle est fautive d'avoir trop longtemps attendu et que son corps n'est pas fait pour accoucher.

En 2016, ils décident de tenter de faire un 3ème bébé avec l'espoir que ce soit une petite fille.
Arrive l'échographie du second trimestre et l'annonce tombe : une petite fille les rejoindra début 2017.

Leur joie est indescriptible mais le test de la trisomie 21 qui se révèle positif va venir entacher ce bonheur.

Le stress s'empare d'eux et ils décident de faire le test sanguin, qui va sortir négatif à 99%.
Leur gynécologue va les aiguiller vers un spécialiste pour un suivi plus précis et ils auront rendez-vous avec leur futur bébé tous les 15 jours pour une échographie de contrôle qui se fera dans un silence absolu, afin de pouvoir tout analyser et ne rien rater.

Tout est écarté, les échographies sont parfaites.

Ils reçoivent par la suite un courrier du généticien de Marseille qui leur demande de venir le rencontrer.
Il va leur faire un questionnaire extrêmement long et pointilleux et il leur explique qu'ils auront le résultat final par la suite.
15 jours avant le début de son congé maternité, on les informe que tout est bon, qu'il n'y a pas d'inquiétude à avoir. Ils respirent alors de nouveau et vivent 15 jours de joie intense.

Nous sommes le 25 novembre, Il est 5h du matin, tout le monde est couché quand Baptyste se met à réclamer sa maman.
Cyril se lève et va le voir mais Baptyste refuse et demande sa maman.
Elle se décide à aller le voir et en se levant elle s'aperçoit qu'elle est rempli de sang.
Elle appelle la maternité qui lui dit de venir.
Ils déposent les garçons à l'école et font les 1h de route qui les séparent de la clinique.

Elle est en pleurs, réalisant qu'il est bien trop tôt pour ce bébé, le terme étant mi janvier.
Elle souffre énormément, des douleurs bien plus violentes que les contractions.
À peine arrivés à la maternité, ils sont pris en charge et très

rapidement ils passent en code rouge.
On lui explique qu'elle va subir une anesthésie générale pour sauver son bébé.
Et c'est en larmes qu'elle demande à Cyril de sauver la petite s'il doit faire un choix.
Tout le monde s'affaire autour d'elle pour préparer l'opération et l'endormir.

Julyette vient de naitre, avec un tout petit 1kg926.

Lorsqu'elle se réveille, elle est dans une salle et une dame la regarde en souriant et lui dit cette phrase qu'elle n'oubliera jamais *« votre fille va bien »*.
Ayant perdu trop de sang ils ne peuvent pour le moment l'amener la voir et ils la remontent en chambre quelques heures plus tard.

Julyette est en service de néonatalogie, Anny ne peut toujours pas bouger et ce ne sera que le lendemain qu'elle pourra aller voir sa fille.
C'est une maman remplie de larmes qui va me dire qu'à ce moment là, sa fille est toute petite…
Elle fait du peau à peau et réalise qu'elle ne va pas pouvoir l'allaiter, vu qu'elle est sondée.
Elle va alors tirer son lait, mais malheureusement Julyette aura du mal à grossir.
La gynécologue vient en chambre et lui explique que c'est un hématome rétro-placentaire qu'elle a eu, que cela touche seulement 1% des femmes, et que la plupart du temps l'issu est tragique (autant pour le bébé que pour la maman).

En gros, ce sont des miraculées.

À ce moment là au lieu de se sentir chanceuse d'avoir survécu, elle se sent mauvaise mère de ne pas avoir su protéger sa fille, de ne pas avoir su la garder en elle pour la faire grandir comme il se doit.

Les douleurs vont s'enchaîner mais, comme si elle souhaitait se punir, elle n'en parlera pas à l'équipe médicale.

Le lendemain, une des sœurs (elle est dans une clinique catholique) comprend que quelque chose ne va pas.
L'anesthésiste vient et lui propose une hospitalisation sur Aix.
Elle refuse, ne souhaitant pas s'éloigner de Julyette.

Les garçons étant malades elle va avoir une longue période sans visite, Cyril devant s'occuper d'eux et étant potentiellement contagieux.

Elles sortent enfin, le 8 décembre.
Le début d'une nouvelle vie.

Mais Julyette ne parvient pas à téter, Anny est obligée de mettre des plastiques au bout de mamelons et elle vit très mal cette situation, ayant allaité parfaitement les garçons.

Elle est suivie de près par le pédiatre et très vite il annonce un retard de croissance à cette maman en détresse.
Il lui demande de mettre en place un suivi avec un neurologue sur Aix.

À quatre mois, il décide de lui faire tirer son lait et de le compléter avec des céréales pour l'aider à grossir.
À un an, rien n'est en phase, ils sont inquiets car elle ne marche pas et en semble loin, elle grandit toujours trop lentement.
Il lui font un IRM sous anesthésie générale et les résultats tombent : il y a bien un souci mais ils ne parviennent à décelée lequel.

Aujourd'hui Julyette a 3 ans (elle marche bien sûr) mais ils se sentent toujours dans une crainte permanente de la suite de son évolution.

Anny, quant à elle n'a toujours pas fait le deuil de ses 3 césariennes.

Pour elle, elle n'a jamais accouché.

Elle a encore des difficultés à regarder ses cicatrices, ses marques de vie… qu'elle trouve laides et qui lui font encore mal après toutes ces années.

Après avoir fait ce témoignage, elle s'est décidée à consulter pour les douleurs permanentes au ventre.
Le verdict est tombé : elle a une désinsertion des muscles abdominaux et une hernie. Elle va subir une opération qui s'annonce difficile et compliquée (habituellement c'est une opération faite aux grands accidentés de la route).
Il s'agit d'1h30 d'opération, 1 semaine d'hospitalisation, 1 mois de repos strict et 4 mois d'arrêt de travail.
Ils vont lui poser une prothèse et elle ne pourra plus jamais faire d'abdominaux.

CAROLINE

Nous sommes le 2 octobre 2014, et les contractions de Caroline commencent, accompagnées de saignements. Nous sommes à trois jours du terme.
Ils prennent la direction de la maternité.
Arrivée sur place, la sage-femme leur explique alors que ce ne sont pas des contractions, que le travail n'est pas en cours.

Afin de surveiller le cœur du bébé, ils lui conseillent de rester en observation. Toute la journée, elle va enchainer les examens de contrôle.

Le soir, les contractions sont plus intenses, mais ce sont des contractions ligamentaires.

Caroline va alors demander un médicament pour la soulager, médicament qui lui est donné très tardivement, la laissant souffrir sans pouvoir rien faire.
Elle finit par s'endormir et au réveil, elle réalise que son corps est à moitié endormi. Et elle continue à se tordre de douleur.

Vers 22h, la poche des eaux se rompt.
On la place en salle d'accouchement, mais on l'informe qu'il n'y a,

malgré tout, toujours pas de contractions.

On la remonte en chambre, où elle passe la nuit, préférant attendre la relève plutôt que d'avoir affaire à cette sage-femme.

Au changement d'équipe, le lendemain matin, on lui fait un nouveau monitoring et un contrôle du col.
Elle est enfin dilatée à 4.
On lui pose alors la péridurale, mais de ce fait, les contractions ralentissent et le col ne s'ouvre plus.
Elle sent une pointe de douleur au niveau de la fesse gauche, on lui remet une dose et à partir de là, elle ne sentira plus ses jambes.

Il est 13h et elle est enfin dilatée à 10.
L'équipe médicale lui explique qu'ils laissent 1h au bébé pour descendre.
Mais au bout de 15 min, le gynécologue arrive et lui explique qu'il a une césarienne à 14h donc elle doit accoucher maintenant (Caroline accouche dans une clinique, elle suppose que si le gynécologue intervient il touche ses honoraires).
Il lui demande de pousser, mais ne sentant pas son corps, elle ne parvient pas à pousser de manière efficace.
Le gynécologue est agacé, Caroline est épuisée.
Il réalise qu'on ne lui a pas vidé la vessie et doit donc faire remonter le bébé pour pouvoir le faire. Le souci est qu'elle ne va plus redescendre et c'est avec les ventouses qu'il va aller chercher Maëlyne qui va naître le 3 octobre.

Elle sera en pleine forme, mais il n'y aura pas de peau à peau immédiatement à la naissance.
Les quelques minutes où elle va être absente vont paraître une éternité pour cette jeune maman.

Aujourd'hui, Maëlyne est une petite fille que je côtoie au studio, petite fille débordante d'énergie.

Pour sa seconde grossesse, Caroline a un terme au 16 juillet et entame son congé maternité le dimanche 4 juin, jour de l'enterrement de vie de jeune fille de sa cousine.
Il se passe au Grau du Roi et elle va énormément marcher pendant la journée, mais cela ne va provoquer aucune contraction.

Dans la nuit de mercredi à jeudi, elle se lève, va aux toilettes et retourne se coucher.
Mathieu la réveille car il découvre du sang dans les toilettes.
Elle appelle la maternité qui lui demande d'appeler le Samu.
Ceux-ci vont lui dire d'aller à l'hôpital par leurs propres moyens (et de les rappeler en cas de problème sur la route).

Caroline prend une douche, s'organise pour que sa sœur récupère Maëlyne.
En route, elle rappelle la maternité pour les prévenir qu'elle est en route et leur phrase restera gravée en elle *« faites attention, mais faites vite »* ; ce qui va l'angoisser.

En arrivant à la maternité, on l'ausculte : il n'y a plus de saignement mais la poche des eaux est fissurée.

Dans la journée de jeudi, ils vont faire des contrôles réguliers mais il n'y aura plus de perte.

Vendredi matin, le gynécologue vient la voir en chambre et semble étonné de ne plus voir de perte de liquide.
Il décide de faire une échographie de contrôle et il réalise qu'il n'y a quasiment plus de liquide amniotique et décide de déclencher en urgence le travail (en utilisant le tampon).

Vers 14h les contractions se déclenchent.
Mathieu travaillant, c'est sa meilleure amie (enceinte aussi) qui lui tient compagnie.

Vers 17h30 Mathieu la rejoint, alors que les contractions s'accélèrent et s'intensifient.

Le monitoring qu'on lui fait au moment de la relève d'équipe est bon, elle est dilatée à 1.

Mais la sage-femme qui va s'occuper d'elle est celle qu'elle n'avait pas aimée lors de la naissance de sa fille.

Caroline a trop mal pour retourner en chambre et demande à rester en salle d'accouchement.

On la met sous morphine pour atténuer sa douleur et cela va lui permettre de se reposer et s'endormir.

Au réveil, elle est dilatée à 3, la péridurale lui est enfin possible.

L'anesthésiste arrive mais la pose s'avère plus difficile que prévu, les contactions restant constantes.

Une fois celle-ci posée, on lui demande de se reposer pour prendre des forces.

On lui annonce un accouchement pour le lendemain (ce qui ne les arrange pas, car Mathieu doit retourner travailler, il s'agit là d'un nouvel emploi, difficile de s'absenter).

La poche des eaux est rompue, le travail prend bonne place selon la sage-femme qui va sortir de la pièce pour la laisser se reposer.

Caroline sent une envie de pousser, Mathieu a du mal à la croire (la péridurale venant d'être posée).

Mais le temps que l'équipe arrive en salle, le bébé a commencé à sortir.

Nous sommes le 10 juin 2017, Mathéo vient d'agrandir la famille.

PAULINE

J'ai connu Pauline il y a plus de 10 ans maintenant.
Je l'ai vu évoluer et passer de la jeune femme insouciante, pleine de folie, sans règle de vie réelle (du moins en apparence) à une jeune femme mariée et maman de 2 enfants.

Il y a des amitiés qui ne survivent pas à la distance ; la nôtre, est de celles qui survivent à tellement…

Pauline a vécu 2 accouchements très différents mais 2 accouchements qu'elle qualifie comme étant *« les deux plus belles, mais néanmoins traumatisantes, expériences de sa vie »*.

Commençons par Charly, qui dès la grossesse avait annoncé la personnalité qui le caractérise tant aujourd'hui !
Pauline a été alitée 12 semaines et n'espérait qu'une seule chose quand est arrivé le début du 9ème mois : accoucher. Mais c'est un terme +2 que Charly a choisi de prendre pour son départ dans la vie.
Mais un départ que sa maman n'est pas prête d'oublier.

25 octobre 8h, les contractions commencent.
Elles sont douloureuses mais gérables.
Le départ pour la maternité se fait dans un mélange d'émotions de

peur et d'excitation.

Il faut savoir que Pauline est une fan assidue de l'émission
Babyboom et qu'elle s'est faite une image très précise de la bulle
dans laquelle elle va être pour mettre au monde son bébé.

Les contractions s'intensifient, la souffrance également mais on lui
pose le Saint Graal : la péridurale. Elle parvient enfin à reprendre sa
respiration et à se reposer.

Mais ce repos est de courte durée. La pose de la péridurale a
partiellement échoué, elle n'agit pas sur le périnée.

Elle calme donc les contractions abdominales, mais une fois le
bébé engagé, l'enfer commence.

Deux heures vont passer à attendre que Charly descende dans le
bassin.

Quand la sage-femme voit que le bébé n'est pas en souffrance elle
décide de lui laisser encore le temps de descendre à son rythme...
sur 2 nouvelles heures... interminables heures...

La fatigue se fait grande, et la peur fait son apparition : peur de ne
plus avoir la force de pousser pour le sortir.

Pourtant il va falloir prendre son courage à deux mains car le
moment arrive, il faut pousser... *« L'heure la plus longue de sa vie »*
comme elle peut la décrire.

En effet, durant les 4h d'attente pour amorcer tranquillement sa
descente, Charly a décidé de se retourner et de se présenter à la
porte de sortie la tête vers le haut (donc par la partie la plus grosse
de sa tête).

Pauline n'a de cesse de pousser et d'avoir la sensation que cela ne
fonctionne pas et propose dans un élan de souffrance (et de fatigue
intense) de le « re-rentrer » et de finir le travail un prochain jour.

Elle s'imagine même devoir garder ce bébé coincé entre ses cuisses
et vivre ainsi (à ce moment-là de l'histoire, je reconnais la pauline
connue il y a plus de 10 ans dans son insouciance et sa mignonne

naïveté qui m'a toujours fait rire).

Malgré ce petit moment qui peut faire sourire, Pauline souffre…

Bien plus que ce qu'elle s'était imaginée souffrir.

Elle n'a aucun répit entre les contractions, la douleur sur le périnée est insupportable, elle ne fait que pleurer et aucun mot du papa ne va l'apaiser et l'aider à surmonter cette douleur.

C'est à ce moment que l'interne choisit de préparer la ventouse pour aider Charly à sortir.

Pauline raconte cette violente sensation de sentir cet homme tirer de toutes ses forces sur la tête de son bébé sans comprendre comment il allait ne pas le démantibuler.

Voyant que cela ne fonctionne pas mieux, il commence à s'énerver (je pense avec le recul qu'ils agissent comme ça avec les futures mamans pour leur faire sortir des tripes la rage manquante) et fini par lui dire *« il est temps de pousser maintenant »*, laissant la future maman perplexe se demandant s'il pensait vraiment que depuis tout ce temps elle n'avait pas poussé. Et dans un élan de colère (qui la caractérise aussi je dois le reconnaître) elle le remet à sa place et reprend sa poussée pour faire naître ce bébé.

Pauline ne sait dire combien de temps de poussées elle va faire (elle estime 1h environ) mais ça y est Charly est là, posé sur elle… Elle ne cesse de pleurer mais malheureusement ce n'est pas la joie de voir son fils qui a pris le dessus mais bien la douleur qui la met dans cet état.

Il est temps de pousser une dernière fois pour expulser le placenta… Le placenta sort mais il semble y avoir un souci et la sage-femme met sa main dans son utérus et en tapisse la paroi sur toute la surface, appuyant violemment sur son ventre pour en faire sortir les petits morceaux restant à l'intérieur. On lui fait également des prises de sang.

Cette rencontre avec son bébé devient un calvaire, elle ne fait que pleurer de douleur, Charly pleure également.

Elle culpabilise de ne pas réussir à calmer son bébé, de ne pas réussir à gérer sa douleur pour se concentrer sur ce petit être tant attendu.

Tout le monde s'affaire autour d'elle sans qu'elle ne comprenne rien.
Elle donne Charly à son papa se sentant « une mauvaise maman ».
Les choses vont se calmer peu à peu, l'équipe expliquant à la maman qu'elle a fait une hémorragie post-partum mais que tout est rentré dans l'ordre.

Cela fait presque 30h que la jeune maman n'a pas dormi, elle demande des nouvelles de son bébé et le papa lui explique qu'il fait de l'hyperthermie et qu'il va faire un petit séjour en service de néonatalogie par sécurité (hyperthermie conséquente à l'expulsion compliqué qu'il a vécu).
Il est 3h du matin, elle remonte en chambre sans son bébé, avec *« ce sentiment lourd de ne pas avoir réussi à lui offrir le meilleur pour son arrivée »*.

On lui ramène Charly quelques heures plus tard et c'est à ce moment-là qu'elle va pouvoir prendre le temps de le découvrir, sans oser le prendre dans ses bras, de peur de le faire pleurer à nouveau.
C'est, à ses yeux, le moment de leur vrai rencontre (comme si ce qu'il s'est passé avant ne devait pas compter, pour être plus facilement oublié).

Le séjour à l'hôpital reste pour elle un souvenir assez intense : des cures d'antibiotiques pour Charly 2 fois par jour pendant 3 jours (au service de néonat) durant 2h, une fatigue intense, un bras douloureux (à cause de la prise de sang ratée qui a été faite dans le muscle), une montée de lait difficile et intense, une puéricultrice sans tact qui donnera l'impression d'être une mauvaise mère (alors qu'en fait on est toutes des mamans en apprentissage) et qui rendra le bain comme un moment de la journée sans plaisir pour cette maman à la sortie de la maternité…

Aujourd'hui Charly est un petit garçon plein de vie et de caractère qui a su créer un lien fusionnel avec sa maman (laissant parfois peu de place à son papa), un enfant qui partage les mêmes passions que sa maman pour les musées et les histoires.

C'est une histoire d'amour maternelle semblable à tant d'autres, qui reste pourtant unique pour chaque maman.

Mais Pauline est aussi la maman de Théo qui est arrivé quelques années après son grand frère et qui a lui aussi laissé son souvenir traumatisant.

A la fissure de la poche des eaux, ils prennent la route de l'hôpital.
Il reste 3 semaines de grossesse mais Théo en a décidé autrement, il ne fera pas comme son frère.
24h après, le travail n'est toujours pas entamé donc les médecins passent la maman en mode « déclenchement ».
Et cette fois ci, la gestion de la douleur pendant le travail ne se fait pas aussi facilement que pour Charly.
Le déclenchement du travail a créé des douleurs directement très intenses alors que le col n'est qu'à 1. Les contractions sont espacées de moins de 5 min et la fatigue due aux 24h précédentes sans sommeil se fait déjà ressentir.

Pauline redevient le temps d'un instant une petite fille en réclamant sa maman, comme si l'enfant qui sommeille au fond d'elle avait besoin d'être rassuré.
Pour l'apaiser on lui propose le gaz afin de lui permettre de souffler un petit peu.

Un répit de courte durée car la 1ère poche des eaux explose, laissant apparaître des douleurs indescriptibles. Elle finit par avoir la péridurale comme pour Charly et de la même manière elle n'agira pas sur son périnée, laissant cette future maman dans une douleur démesurée.

Afin d'accélérer le travail pour essayer de réduire la douleur sur le temps, on lui administre une perfusion d'ocytocine, qui lui donne la sensation *« que son utérus se déchire »*.

Parce que ce bébé aura décidé de lui faire une totale, elle entend une seconde explosion (qui lui donne l'impression que ça y est son utérus a lâché) ; c'est la seconde poche des eaux qui se perce et répand son liquide quelques minutes après. Seule hic, la poche s'est brisée par le haut de l'utérus (chose assez rare) ce qui donne une violence plus importante à ses contractions.

La péridurale ne faisant pas effet, elle passe 2h dans une souffrance indescriptible, accroché à sa petite bouteille de gaz dans l'attente interminable qu'on lui demande de pousser (ce qui annoncerait pour elle, la fin de ce calvaire).

Au moment de pousser, le stress l'envahit, elle se rappelle la naissance de Charly et elle sait à ce moment précis qu'elle sera incapable de pousser 1h, se sentant déjà à bout de force.

Mais Théo en décide autrement, et c'est en moins de 2 min qu'il se retrouve dehors, blotti contre sa maman, sans douleur, sans hémorragie.
Un souvenir incroyable d'une expulsion parfaite pour une rencontre magique.

ALICE

Pour son premier accouchement, nous sommes en 2010.
Alice a préparé son projet de naissance idéal : pas d'anesthésie, pas de forceps, un accouchement le plus naturel possible sauf si urgence vitale.

Elle arrive à la maternité vers 7h, le 25 décembre, après avoir fissuré la poche des eaux vers 23h la veille (et la perte du bouchon muqueux par la même occasion), mais l'équipe médicale lui dit de repartir chez elle (car le bandelette de contrôle du liquide ne change pas de couleur).
Elle refuse de partir et à ce moment-là, ils réalisent que la bandelette change finalement de couleur.

Vers midi, on lui pose le gel pour le déclenchement, les douleurs sont intenses mais la dilatation ne se fait pas.

Elle reste jusqu'à 20h avec des contractions qui ne semblent pas en être.
On lui donne des conseils qu'elle juge ridicules (une douche, l'homéopathie, etc).

Vers 20h, on la descend en salle, on lui demande de bouger (alors qu'à l'étage on lui interdisait). Elle finit par dilater à 3.

A sa demande, ils lui posent la péridurale, par un anesthésiste qui ne fera aucun effort d'empathie.
A partir de ce moment-là, elle n'a plus aucune sensation, mais ne regrette pas, car les douleurs sont bien trop violentes pour parvenir à les gérer.

Le futur papa prend son rôle très à cœur et lui annonce chaque nouvelle contraction en se basant sur le monitoring.
Malheureusement le bébé ne descend pas…

On lui fait de la résonnance énergétique afin d'essayer de rétablir les flux énergétiques de son corps (c'est une écoute cutanée entre deux points du corps, mis en résonance par le toucher, qui agit au niveau du mental ainsi qu'au niveau des douleurs physiques).

Il faudra tout juste 20 minutes pour le faire descendre.
Par sécurité, on lui met du savon sur le périnée pour l'aider à faire glisser le bébé.

Après toutes ces mises en place, l'accouchement devient facile, Loric nait le 26 décembre à 00h16 (on lui propose même de tricher sur l'heure pour lui donner une naissance le 25, proposition qu'elle refuse immédiatement).

Elle garde de cet accouchement, un souvenir particulier mais pas traumatisant.

Pour son second accouchement, nous sommes en 2014.
Elle vit sa grossesse et l'approche de l'accouchement sans appréhension car pour elle c'est un second, elle sait faire…
Elle a fait de nouveau un projet de naissance, identique au premier.

Les contractions commencent autour de 3h du matin, le 10 septembre.
Elle appelle la maternité qui lui dit de venir de suite, malgré l'irrégularité des contractions.

Il est 8h quand ils prennent la route direction la maternité, l'heure des bouchons de la circulation.
A ces bouchons s'ajoute le fait que la grève des agriculteurs les oblige à faire un détour.

En arrivant, elle demande le ballon pour l'aider à faire avancer le travail.

On lui fait un monitoring et ils ont du mal à trouver le cœur du bébé. Ce qui va provoquer un stress qu'elle n'avait pas.

On lui propose la baignoire, qui va développer une souffrance indescriptible.
Elle ne trouve pas de position pour se sentir bien et au final.

C'est une élève sage-femme qui lui pose la perfusion et Alice étant infirmière doit lui donner des conseils voyant la difficulté de l'élève à gérer.

Il est environ midi quand on lui pose la péridurale.
Pour cet accouchement, elle aura droit à un anesthésiste drôle qui va l'aider à se détendre.
Malheureusement la péridurale fait ralentir le travail (même si l'accouchement ira beaucoup plus vite que le premier).

Arrivée à dilatation après quelques heures de travail, elle demande à avoir de nouveau la résonnance énergétique et une fois de plus, le bébé sera descendu en 20 minutes

Il est 18h44, Max vient de naître et d'agrandir la famille.

Elle résume ses accouchements par des évènements marquants mais pas traumatisants. Elle parle surtout de l'ambivalence présente entre le bonheur de ces arrivées et les risques connus qui développent un stress difficilement contrôlable.

LAURA

Je connais Laura depuis quelques années, puisque j'ai été sa photographe de mariage, sa photographe pour sa première grossesse et pour la naissance de son ainé, et qu'elle a été, à son tour pour moi, celle qui m'a accueillie lors de l'hospitalisation de mon fils.

Au-delà de la femme incroyable qu'elle est, je sais combien il est difficile pour elle de parler d'émotions, de les montrer et de les laisser sortir librement.

Du coup quand elle s'est proposée pour témoigner dans ce livre, j'ai pensé que cela me permettrait de la découvrir différemment.

La vérité est tout autre, son témoignage est à son image, dans une réserve incroyable, à la différence qu'aujourd'hui j'ai appris à lire à travers ses mots pour y découvrir l'émotion qui s'y rattache.

Alors que Timothé avait 3 ans, et malgré tout ce que sa naissance leur avait apporté comme complication, ils décident de faire un second bébé.

Elle tombe rapidement enceinte mais va enchainer trois fausses-couches dont la dernière à 12 SA qui impose un curetage.

15 jours après ce curetage, elle tombe de nouveau enceinte, et cette fois-ci le bébé semble s'accrocher.

Tout va plutôt bien les premier mois.

A 4 mois de grossesse, ils partent en voyage à Los Angeles pour 5 semaines pour l'opération de Timothé.

Le voyage est fatiguant et en arrivant, elle fait une hémorragie.
C'est la panique et c'est son cousin, qui vit sur place, qui va s'occuper de la mener aux urgences.

Le verdict tombe : elle fait un décollement du placenta de plus de 50%.
Il n'y a que 2 solutions : soit le bébé s'accroche et la grossesse peut continuer (à condition de se mettre en repos total), soit le décollement continue et le bébé ne survivra pas.
Mais un repos total dans un pays étranger, avec un enfant de 3 ans qui veut découvrir tout ce qui est possible, n'est pas chose facile.
Alors, pour réussir à tout combiner ils louent un fauteuil roulant pour que Laura puisse les accompagner partout.
La culpabilité va commencer à la ronger à ce moment-là : elle culpabilise de ne pas pouvoir s'occuper pleinement de Timothé et de prendre des risques pour ce bébé.
Elle bénéficie d'un rapatriement sanitaire pour son retour *(« vive la première classe »* comme elle me le dira en riant) car elle doit impérativement voyager allongée.

En rentrant, elle retourne voir son gynécologue qui lui annonce que le placenta se recolle doucement, ce qui est bon signe mais qu'elle ne doit pas trop bouger malgré tout : elle ne peut plus travailler, ni porter son fils.

A tout ça, on lui découvre un diabète gestationnel assez important avec injection d'insuline.

Diabète qui impose une hospitalisation à 37SA car celui-ci est trop élevé et chaque semaine elle doit augmenter sa dose d'insuline.

Là encore, elle culpabilise de laisser Timothé seul à la maison avec son papa.

Elle qui est fusionnelle avec son fils va très mal vivre la séparation, qui pourtant sera bénéfique pour Ben et Timothé qui vont pouvoir vivre de vrais moments à deux.

A 38 SA, l'équipe médicale décide de lui déclencher le travail par perfusion, mais le matin même du déclenchement, le travail va se mettre en route naturellement.

Elle n'est pas trop stressée par le déclenchement car elle l'a vécu pour Timothé et tout s'était bien passé, mais elle stresse pour le bébé.

Malgré toutes les échographies faites, elle redoute que les médecins soient passés à côté « de quelque chose », et que ce bébé souffre de malformation comme son grand frère.

Ben pose Timothé à l'école et la rejoint à la maternité.

La journée se déroule assez simplement : à 8h le travail se met en place, à 10h on lui fait la perfusion de déclenchement et à 13h on lui pose la péridurale par sécurité.

Elle ne la voulait pas à la base, mais elle ne cherche pas à comprendre et accepte.

Mais à 19h, elle ne la supporte plus : elle vomit sans cesse, ne cesse de dormir et de rester somnolente.

Elle demande donc à ce qu'on lui arrête.

Depuis 18h, la dilatation est complète mais bébé est toujours trop haut. La sage-femme souhaite lui laisser un peu de temps pour descendre.

A 20h, le changement d'équipe se fait et l'équipe de nuit prend place.

La sage-femme réalise que le bébé tachycarde à plus de 200 et que la maman commence à avoir de la fièvre.

Elle l'installe en urgence pour faire sortir ce bébé.

On lui demande de pousser, et en 3 4 poussées, la tête sort. A ce moment-là, elle remarque de suite la tête de la sage-femme pleine de désespoir qui se tourne vers le gynécologue présent en lui disant : *« je ne peux pas le sortir »*.

Intérieurement, Laura panique, car étant puéricultrice, elle connaît les conséquences possibles si le bébé reste coincé : la mort des deux…

Le gynécologue tire de toutes ses forces et lui annonce qu'il doit aller le chercher avec son bras (elle compare ça au vétérinaire qui va chercher le veau).

Pour elle, cela dure un dixième de seconde, elle n'a pas le temps de réaliser ce qu'il se passe (la seule chose qu'elle veut c'est qu'on lui sorte ce bébé et que tout aille bien). Mais elle n'hésite pas à utiliser le terme de boucherie pour décrire ce moment-là.

En ce 4 décembre 2018, Nathanael vient de naître et alors qu'il était estimé à 3kg500, il pèse plus de 5kg (raison pour laquelle, elle ne pouvait pas le sortir).

Pendant qu'on la recoud, elle réalise que son fils lutte un peu pour respirer mais il s'en sort bien et semble en bonne santé.

On lui pose dans les bras et là, tout s'arrête. C'est un instant de plénitude intense.

Neuf mois d'enfer, de privation, de stress, oubliés en une seconde. Elle réalise que sa famille est enfin complète, que ce bébé à qui elle en a voulu pendant un temps, est en fait l'élément manquant à son bonheur.

Mais en remontant en chambre, Nathanael pleure beaucoup, elle sent qu'il souffre. Elle en parle au pédiatre qui soupçonne une épaule déboitée lors de la sortie. Il donne du doliprane pour calmer la douleur.

Le lendemain matin à 9h, il l'ausculte plus attentivement et décide de lui faire faire une radio.

Le verdict tombe : il a une fracture de l'humérus.
Elle culpabilise de nouveau de lui avoir fait passer la nuit avec ces douleurs.
Ils lui immobilisent le bras et, tel un guerrier, il va très bien l'accepter et le supporter.

Deux jours après la naissance, elle demande à sortir.
Mais le lendemain, elle fait de l'hypertension et est hospitalisée en urgence.
Elle souffre en fait de pré éclampsie majeure à retardement.
Elle va pleurer toutes les larmes de son corps de devoir, une fois de plus, laisser ses enfants et elle va obliger l'équipe médicale à la laisser sortir le lendemain (étant prête à sortir même contre avis médical).

Aujourd'hui encore elle culpabilise du temps qu'elle a l'impression d'avoir perdu avec Timothé et tout ce qu'il s'est passé.
Elle culpabilise en se remettant en question sur tout ce qu'il s'est passé, qu'a-t-elle fait pour provoquer tout ça ?.
Elle ne comprend pas comment on peut se tromper autant sur l'estimation du poids d'un bébé.
Toutefois, elle a décidé d'avancer en mettant de côté tous les points négatifs et de voir face à elle tout le positif qui les attend.

Pour connaître l'histoire de Timothé, vous pouvez les retrouver sur leur page Facebook : « Dessine-moi une oreille »

JO

Nous sommes le 1er février, il est 5h du matin et Jo comprend qu'elle vient de perdre les eaux quand elle se réveille « trempée », avec une sensation de froid.

Elle n'est pas prête psychologiquement, bébé a 3 semaines d'avance sur le terme.
Et pourtant elle prend très vite conscience qu'elle va devoir l'être rapidement.
Elle décide d'aller réveiller tendrement le futur papa en s'allongeant à côté de lui et en lui caressant les cheveux, lui demandant d'aller se préparer car il est temps d'aller à la maternité.
Il comprend très vite la situation, se lève et court se préparer.
Ce bébé est leur premier enfant, donc Jo a conscience que la journée s'annonce longue, d'autant plus que pour le moment les contractions n'ont pas commencé à se mettre en place.

Elle part se laver et commence à se projeter sur la journée qui l'attend, mais elle ne parvient pas à prendre conscience qu'elle va devenir maman…
Après sa douche, elle prévient la maternité de leur arrivée, on lui conseille de prendre un petit déjeuner mais elle n'y parvient pas, une boule au ventre la paralyse.

Elle rassemble les affaires pour partir (la valise ayant été terminée la veille) et ils prennent la route direction la maternité.

Il est 7h30.

À ce moment-là, elle se sent vide, ne parvient plus à réfléchir.

Elle tente de penser à ce plateau de fromage dont elle rêve et qui sera bientôt autorisé mais rien n'y fait, c'est comme si elle dormait, mais debout.

Elle se souvient du temps horrible qui les accompagne en ce grand jour : il pleut des trombes d'eau.

Il est 8h20 quand ils arrivent à la maternité.

En sonnant à la porte, elle n'est pas stressée, elle connaît bien l'hôpital vu qu'elle y a travaillé pendant 3 ans : elle se sent un peu comme à la maison.

On les installe en salle de monitoring, il y a déjà un couple et on leur explique qu'ils vont devoir cohabiter un petit temps.

Son stress s'installe quand elle voit cette maman, zen, installée sur son ballon respirant profondément pour gérer ses contractions, se demandant si elle allait réussir à gérer…

On lui pose le monitoring et le premier temps d'attente commence.

Pendant ce temps, le futur papa joue sur son téléphone et prévient son travail qu'il ne viendra pas, quand à Jo, elle prévient les personnes les plus importantes que *« ça y est, c'est parti »*.

Des contractions apparaissent sur le monitoring mais elles sont trop faibles pour que Jo les ressente.

À partir de ce moment, elle va perdre la notion du temps, ne plus regarder l'heure de son téléphone.

Elle entend une femme hurler devant leur porte (qui est fermée), ça ne dure pas longtemps mais elle hurle vraiment fort.

Le stress monte alors d'un cran alors que sa voisine de salle reste imperturbable sur son ballon.

Elle apprendra par la suite que cette femme a accouché devant leur porte, n'ayant pas eu le temps d'arriver en salle d'accouchement.

Quelques temps après, on lui demande de sortir pour ausculter sa voisine et n'ayant aucune place nulle part, elle va devoir attendre avec son mari dans le couloir.
Il y a une femme allongée sur un brancard, amené par des pompiers, avec la chemise de nuit pleine de sang.
Elle se retourne pour ne pas la voir, pour essayer de ne plus y penser.
Elle veut rester concentrer sur elle-même pour gérer son travail au mieux et ne souhaite pas que la vision de cette femme qu'elle ne connaît pas puisse interrompre cette concentration.

On l'installe à nouveau en salle de monitoring et sa voisine de chambre part en salle d'accouchement car une place vient de se libérer (« *la chance* » comme elle me dira).

Son stress redescend, ils sont enfin seuls dans cette pièce, elle se sent libre de pouvoir vivre son aventure sans le poids du regard et du jugement d'une voisine de salle.

Mais ce bonheur est de courte durée, une nouvelle future maman arrive et on lui demande de nouveau de sortir pour l'ausculter (alors qu'elle n'a toujours pas été ausculté).
Elle attend une nouvelle fois, debout, dans ce couloir, avec son pantalon trempé.

Les douleurs commencent à se faire sentir, cette sensation est nouvelle, elle n'a jamais eu de règles douloureuses.
Elles sont fortes, régulières et rapprochées ; pour elle, suivant les propos de sa sage-femme, le travail est en route.
Elle se remémore tous les conseils de celle-ci pour respirer, pousser, aider le bébé à descendre.
Pendant ce temps, le papa attend toujours sur son téléphone.

Depuis le départ de la seconde voisine, elle n'a vu personne, personne n'est venu l'ausculter, lui parler, la rassurer.

Elle entend les passages dans le couloir mais personne ne semble s'arrêter pour elle.

Elle préfère ne pas demander l'heure de peur d'être déçue de voir que le temps ne passe pas alors qu'elle a la sensation que cela fait une éternité.

Les contractions s'intensifient mais restent gérables ; mais son cerveau se brouillent et ses cours de préparation avec.

Elle tente de demander de l'aide à son mari qui ne semble pas apte à le faire (il lui avouera par la suite avoir perdu ses moyens en la voyant souffrir ainsi).

Elle ne trouve pas la position qui la soulage, ce ballon est une torture pour elle et c'est à 4 pattes sur le lit appuyé sur son mari que les douleurs semblent être gérables.

Le temps passe et personne ne vient.

Elle à la sensation qu'elle pourrait mourir de douleur à chaque contraction.

Elle demande alors à son mari de sortir trouver quelqu'un pour demander si une péridurale est envisageable.

La position ne la soulage plus, elle doit en changer et va se retrouver à faire les cent pas dans la pièce qu'elle définira comme sa « salle d'attente ».

Son mari revient, il n'a trouvé personne.

Elle souffre et s'excuse auprès de lui d'être une « chochotte » et de ne pas réussir à supporter la douleur. Il ressort 2 nouvelles fois pour tenter de trouver quelqu'un et les 2 fois il revient en salle désespérément seul.

Il a beau être présent, elle se sent seule.

Elle fini par penser qu'elle va devoir accoucher seule.

Elle panique car c'est son premier enfant et elle ne sait pas ce qu'elle doit faire.

À ce moment-là, elle en veut à toutes les personnes lui ayant dit *« ne t'inquiète pas, tu vas être chouchoutée le jour de ton accouchement, tout le monde sera à ton écoute »*.
À son 4ème essai, il revient avec une sage-femme… mais un homme.
Jo est surprise mais détendu aussi de voir qu'on va enfin s'occuper d'elle.
Il lui demande comment était la dernière auscultation et lorsqu'elle va lui dire que c'est la première fois, elle lit sur son visage le « oups ».
Quand il l'ausculte, elle le supplie de lui annoncer un chiffre. Il lui demande lequel elle souhaiterait entendre. Elle lui répond : *« peu importe tant qu'il est différent de 0 »*.
Et c'est une dilatation à 6 qui est annoncée avec surprise.

La joie s'empare d'elle : elle a été ausculté, elle est bien en travail, le travail a bien avancé, elle a droit à la péridurale.
Ils partent alors en salle d'accouchement.
Dans ce long couloir qu'elle traverse pieds nus, les jambes tremblotantes, elle lui demande pourquoi il avait l'air surpris à la découverte de la dilatation.
Il lui explique alors que pour un premier enfant, il est rare de dilater si rapidement.

En arrivant en salle d'accouchement, l'horloge redonne un rythme à sa journée.
Il est 15h30 : elle a passé 7h seule avec son mari sans que personne ne vienne la voir, sans être rassurée et aidée dans sa gestion de la douleur.
La colère s'empare d'elle en pensant au pire et en se disant s'il y avait eu un souci, que ce serait-il passé ?

On l'installe sur le lit avec difficulté car elle souffre, et on demande à son mari de sortir le temps de la pose de la péridurale lui conseillant de partir manger un peu.

L'anesthésiste arrive rapidement, pressé et de mauvaise humeur.
Il ne lui adresse pas un seul mot tout le long de l'acte.
« La » sage-femme est toujours là et il lui dit de s'appuyer sur lui.
Elle ne sent même pas l'aiguille s'enfoncer.
Il passe un glaçon sur le côté droit de son corps, aucune réaction,
puis il passe sur le côté gauche et là Jo ressent le froid.
Il lui explique alors que la péridurale n'est pas centrée et qu'il va
falloir rester allongée sur le côté pour aider le produit à diffuser.
Il lui demande si elle sent ses jambes, elle lui explique qu'elle
n'arrive même pas à bouger un orteil, il lui répond juste *« vous me
remercierez plus tard de ne pas avoir eu mal »*.
Et au moment de partir, il lui donne le bouton pour gérer elle-
même la dose si nécessaire (bouton qu'elle ne souhaite pas utiliser,
n'ayant déjà plus aucune sensation).

La colère grandit encore en elle quand elle réalise qu'elle est
immobilisée, incapable de choisir une des positions conseillées par
sa sage-femme pour faire descendre son bébé.

Son mari revient auprès d'elle, et à partir de ce moment, elle est
auscultée toutes les heures.
Le travail avance bien, elle arrive à gérer la douleur qu'elle ressent
du côté gauche.
À chaque auscultation, on lui demande où en est la douleur.
La 1ère fois, pensant bien faire, elle répond qu'elle a toujours mal
sur le côté gauche et on lui injecte, avec le bouton à sa disposition,
une dose (sans lui demander son avis). Ce qui la pousse à mentir
pour les fois suivante.
Elle a des phases d'éveil entrecoupées par des phases de demi-
sommeil (comme un état un peu comateux) ; ce qui permet de faire
passer le temps plus vite.

Il est 19h quand « la » sage-femme (celui qui s'est occupé d'elle)
vient la voir pour lui dire au revoir et la prévenir du changement
d'équipe.

Elle est dilatée à 9.
Elle demande une diminution de la péridurale (comme lui avait conseillée sa sage-femme) mais on lui refuse (et elle n'osera pas demander pourquoi, ni insister).

L'équipe de nuit vient se présenter aux alentours de 20h.
Une élève sage-femme demande la permission de s'exercer sur elle en présence de sa tutrice.
Elle l'ausculte, elle est à 10.
La panique prend la place de son stress.
Ca y est, c'est maintenant qu'elle va devoir faire son maximum, mais elle ne peut pas bouger ses jambes.
Elle demande l'arrêt de la péridurale qui lui est une nouvelle fois refusée. Elle accepte en décidant de leur faire confiance.

Une heure après on lui demande de commencer à pousser après une dernière auscultation pour contrôler ce qu'il se passe. Elle essaye malgré l'absence de sensation.
Une maman est prioritaire sur elle mais elle est la prochaine.
Elle entend cette femme crier, puis d'un coup, le silence.

Pour elle c'est signe qu'ils vont revenir la voir d'une minute à l'autre.

Il est 22h quand il lui demande d'installer ses jambes sur les étriers.
Elle ne peut le faire, ne sentant toujours pas ses jambes et c'est son mari qui va l'aider.
La peur s'installe à nouveau, mais la peur pour son mari : peur qu'il ne supporte pas, qu'il ne se sente pas bien .
On lui explique quand pousser, comment pousser et comment respirer.
Ce n'est pas comme elle a appris en cours de préparation mais tanpis elle s'adapte à cette autre technique.
Elle essaye de pousser mais réalise très vite qu'elle n'est pas efficace.

Elle ne sent rien et son bébé ne sort pas.
La sage-femme part appeler le gynécologue de garde et le pédiatre « au cas où ».
La panique monte d'un cran, elle se sent nulle, incapable de mettre au monde son bébé comme le font les autres femmes.
Elle se sent déjà comme une mauvaise mère mettant son bébé en danger alors qu'il n'est même pas encore né.
Elle pleure mais personne ne le voit, tout le monde s'affairant autour de ce bébé qui arrive.

La gynécologue prend la place de la sage-femme et c'est 5 personnes qui regardent son entrejambe.
L'élève, la sage-femme et son mari vont avoir des mots rassurants et encourageants, pendant que le pédiatre reste silencieux et une autre personne qui ne cesse de lui répéter de pousser, de s'énerver pour sortir ce bébé.
Elle entend le bruit d'un instrument qu'on repose sur le plateau en métal, ce qu'elle assimile aux ciseaux d'épisiotomie mais elle sent d'un seul coup quelque chose qui s'introduit en elle. Nouvelle évidence pour elle : ce sont les forceps.
À la poussée suivante, elle sent qu'on tire son bébé vers l'extérieur et on lui annonce que la tête est sortie, ce que va confirmer le papa en « *jetant un coup d'œil très rapide* ».
Une dernière poussée et tout s'arrête.

Il est 22h42 et en ce 1er février, Jo devient maman.

Elle ne va découvrir qu'il s'agit d'une fille que lorsqu'on va la poser sur elle. En une seconde, son cœur se remplit d'amour pour ce bébé.
On lui récupère sa fille pour les premiers soins, papa partant avec elle.

Pendant ce temps, la gynécologue attend la sortie du placenta et appuie sur son ventre sans la prévenir ce qui va lui provoquer une douleur atroce.

30 min après, le placenta est enfin sorti et l'opération *« couture »* commence.

La gynécologue se vente de l'excellent travail qu'elle fait, précisant être la seule à recoudre de cette manière là, et Jo est incapable de lui répondre, ne sachant pas quoi dire.

Tout le monde revient au moment où la gynécologue termine.
Elle la salue et demande aux sages-femmes de mettre des poches de glaces.
Le froid va la soulager instantanément.
Elle prend le temps de s'excuser auprès des sages-femmes d'avoir été si « nulle » mais elles vont la rassurer et la féliciter du travail accompli.

La phase suivante sera de prendre confiance en elle et en ce rôle de maman qui nous vient à chacune instinctivement.

JUSTINE

En 2012, Justine apprend qu'elle souffre d'endométriose et de kystes aux ovaires.
On l'opère sans vraiment lui expliquer les conséquences possibles sur une future grossesse.

Lors du rendez-vous post-opératoire, la gynécologue lui explique alors qu'elle ne pourra peut être plus avoir d'enfant, son endométriose étant très importante et un ovaire étant très abimé.
Annonce difficile à accepter pour ce couple qui espérait faire un second enfant assez rapidement.
Mais ils décident quand même de tenter d'agrandir la famille en fin d'année.

En août 2013, le test de grossesse leur annonce un joli « positif » et malgré la peur d'une fausse couche, ce bébé s'accroche.

Le début de grossesse est intense en nausées et vomissements.
Au 5ème mois de grossesse, elle a des pertes de sang, qui provoquent 2 jours d'hospitalisation.
Son placenta est sur le col de l'utérus et les petites contractions ont provoqué ces saignements.

Elle est immédiatement arrêtée et doit rester au repos stricte pour faire remonter le placenta afin d'éviter la césarienne.
Mais comment rester au repos avec un enfant de 2 ans ?
Elle va y parvenir tant bien que mal grâce à l'aide du papa et des grands parents qui vont se relayer.

Le plus dur dans tout ça est d'expliquer à Louis que maman ne peut plus le porter, le laver et jouer avec lui.
Il est petit est va avoir beaucoup de mal à le comprendre.
Il ne veut plus de ce bébé, il dit de lui qu'il est « méchant » et ne veut sa maman que pour lui.
Pour compenser, elle profitent de prendre des bains avec lui, des siestes et quelques nuits, pour palier au manque du reste, et évite qu'il ne devienne jaloux de ce bébé.

La grossesse se poursuit sous haute surveillance.
Son placenta remonte et lui permet un accouchement par voix basse.

Le 1er mai, alors qu'elle profite d'un repas festif en famille, les premières contractions se font ressentir, mais elle décide de ne rien dire pour profiter de sa journée et ne pas alerter tout le monde.
En fin d'après midi, elle demande à M. de rentrer pour s'allonger et le laisse partir travailler (il travaille de nuit) après avoir mangé avec lui et couché Louis.
Mais le travail s'accélère, elle ne parvient plus à gérer les contractions, elle appelle en urgence M. et son papa pour qu'il vienne surveiller le petit.
M. est déjà sur la route, ayant été libéré par son patron qui avait peur que ce soit le bon soir.
En attendant son retour, elle décide de prendre une douche.

En arrivant à la maternité, elle est dilaté à 8, et n'a qu'une envie : pousser…

Il est 23h30 quand on l'installe en salle d'accouchement avec cette envie de pousser qu'elle ne parvient à contrôler.
Les sages-femmes lui demandent d'attendre, de ne pas pousser car elles ne sont pas prêtes, elles souhaitent faire une prise de sang pour connaître son groupe sanguin en cas de transfusion.

00h07, en ce 2 mai 2014, la petite Maélys pointe le bout de son nez en 2 petites poussées.

Elle ne crie pas de suite, ayant 2 tours de cordon ombilical autour du cou, mais finit par le faire, juste avant qu'on la lui pose dessus.

Au bout de 10 min, Justine se sent mal, elle sent que quelque chose n'est pas normal.
M. appuie sur la sonnette pour que quelqu'un vienne, Justine étant incapable de lui expliquer ce qu'il se passe.
Elle va devenir blanche livide et faire un malaise.
Elle se souvient de cette sensation d'entendre l'équipe médicale autour d'elle parler comme si elle n'était pas réellement avec eux.

M. et Maélys sont menés dans une autre pièce afin de pouvoir s'occuper pleinement de Justine.
Elle a la sensation qu'elle va mourir, les sons s'éloignent petit à petit, sans comprendre ce qu'il est en train de se passer.
Elle est endormie pour contrôler son utérus. J
ustine n'a en réalité pas expulsé la totalité du placenta et fait une pré éclampsie à retardement.
Ils lui font un curetage de l'utérus pour enlever les résidus de placenta.

Il est 8h quand elle se réveille en chambre.
M. et Maélys sont là, à l'attendre (M. va s'effondrer en la voyant, relâchant l'inquiétude d'avoir failli perdre sa femme).

À 11h, Louis vient voir sa petite sœur. Ils sont là, réunis, épuisés mais heureux d'être tous ensemble.

En septembre 2018, Justine se fera opérer d'une déchirure des abdominaux provoquée par son accouchement.

Aujourd'hui, tout est rentré dans l'ordre et Maélys se porte à merveille.

ROZEEN

Rozenn a 25 ans quand elle découvre, « par hasard » qu'elle est enceinte.

Elle n'est plus réglée depuis plusieurs mois, donc rien ne présageait une telle surprise.

L'aventure commence avec son lot de nausées qui se transforment rapidement en vomissements, tout en augmentant la fréquence jour après jour.

Elle se tourne vers sa gynécologue pour trouver une solution.
Elle va se trouver désemparée devant son cas et lui prescrit comme traitement des piqures de Primperan matin et soir (petit effet pendant quelques jours seulement).

Le début de son enfer commence : elle doit arrêter de travailler, elle ne peut plus manger ni boire, elle est régulièrement hospitalisée, enfermée dans le noir avec des traitements antipsychotiques.

Les médecins ne sont pas en accord les uns les autres sur le traitement à donner, Rozenn se sent alors incomprise et perdue, et malheureusement ce n'est que le début…

À sa première hospitalisation, elle a perdu 11 kg et est
complètement déshydratée.
Elle se sent surtout totalement incomprise et est surnommée « la
vomisseuse » par les sages-femmes.

Différentes techniques vont être tentées : acupuncture,
psychologue et en traitement, on lui donne du Zophren (traitement
donné pour les personnes en chimiothérapie).

Ce traitement marche, elle se sent mieux, seulement mauvaise
nouvelle : il ne peut être prescrit qu'en milieu hospitalier.
Elle rentre chez elle et les vomissements reprennent.

Elle cherche des informations sur internet et tombe sur le forum de
l'émission « Les Maternelles » où des futures mamans échangent
sur le sujet.
Ces échanges vont devenir salvateurs pour elle, ne se sentant plus
seule dans sa situation difficile à vivre.
Et surtout, elle peut enfin mettre un nom (certes barbare) sur ce
mal dont elle souffre : Hyperémèse gravidique.

Elle parle à son docteur du Zophren qui fonctionne bien sur elle et
il accepte de lui prescrire une ordonnance « spéciale ».
Elle va pouvoir avoir ce traitement, mais ne connaît pas les effets
sur le bébé, car il n'y a pas assez de recul sur les femmes enceintes.

Dur pour elle de vivre une grossesse sereine, mais ce traitement lui
permet de revivre un peu.
Un bonheur de courte durée, car les nausées vont reprendre malgré
le traitement.
Elle s'effondre et pense alors que cela ne passera jamais, que ce
calvaire va durer les 9 mois.
Elle n'a plus aucun répit et vomit même la nuit.

Elle retourne à l'hôpital qui décide de lui enlever le Zophren et de la sevrer.
Un médecin, choqué, lui explique qu'ils n'ont jamais vu une femme enceinte sous ce traitement là et que pour lui c'est impensable.
Il lui prescrit un antipsychotique puissant qu'elle ne prendra pas, sentant que Zophren est bien plus inoffensif.
Au bout de quelques jours, ils comprennent le calvaire subit et la repassent sous Zophren.

Elle veut un enfant, ce bébé est son premier et elle est complètement malade, la situation est déjà difficile à accepter et à vivre, et pourtant on ne cesse de lui faire des reproches : ne pas assez s'investir dans cette grossesse, être au chômage (elle venait de trouver un travail quand elle est tombée enceinte et a dû arrêter et donc le perdre).
Tout cela est écrit dans son dossier.
Elle n'a que 25 ans, est hyper sensible, et elle n'a pas les armes pour répondre et se défendre.

Sa grossesse se poursuit et elle parvient à arriver au terme.
Ce bébé n'est pas pressé d'arriver et le terme est dépassé.

Elle se sent mieux, ne vomit plus qu'une fois par jour.

À J+1, elle est de retour à l'hôpital pour le contrôle habituel des termes dépassé.
Le rythme cardiaque du bébé n'est pas bon, ils décident de la garder et sans trop d'explications, de la déclencher.
Rozenn et son mari pensent devenir parents à J+1, mais cela va se transformer en J+2, J+3, J+4.
Elle commence à paniquer car le Zophren va bientôt manquer, mais rien ne bouge malgré le déclenchement.
Même l'équipe médicale ne semble pas en accord : le médecin dit qu'il peut faire une césarienne, la sage-femme dit qu'ils peuvent tenter l'accouchement naturel en perçant la poche des eaux, et

Rozenn se dit qu'elle ne peut rien faire comme tout le monde.
Ils décident de suivre les conseils de la sage-femme qui est bienveillante et les voilà parti en salle de naissance dans la bonne humeur et l'excitation de devenir enfin parents.

Mais plusieurs heures passent sans que rien ne bouge.
Rozenn ne sent rien, étant sous péridurale.
Elle est en salle depuis 10h30 et le médecin lui explique que si à 18h rien n'évolue, ils basculeront en césarienne.
18h arrive, mais ce jour là, une maman vient de perdre son bébé et le personnel s'affole et vient contrôler que tout va bien pour Rozenn.
A 20h, on la bascule au bloc opératoire pour une césarienne.

Sa fille va naître à 20h45 en ce 19 novembre 2018.

Quelques minutes dans les bras de maman avant qu'elle soit menée en salle de réveil, aux côtés de cette maman en deuil.

Quelques heures plus tard elle retrouve sa fille et va pleurer toutes les larmes de son corps.
Le lendemain, elle vomit de nouveau, avec la peur que cela ne s'arrête jamais.
Mais ce vomissement sera en réalité le dernier.

De cette grossesse est également né un blog pour aider les mamans dans le même cas.
Et par la suite une association dont le but principal est que l'hyperémèse gravidique soit reconnu comme une maladie et que ces femmes soient prises au sérieux.

Elle va mettre 5 ans avant de refaire un autre bébé, refusant de se projeter dans une grossesse.

Le bébé suivant est aussi arrivé par surprise.
Et sans surprise c'est l'hyperémèse gravidique qui va lui faire comprendre qu'elle est de nouveau enceinte.

Mais en connaissance de cause, elle va parvenir à gérer sa maladie, continuer de travailler et profiter de ce bébé qui grandit en elle.

Une incroyable aventure qui va se terminer comme pour la grande sœur par une césarienne programmée, à cause d'un bébé qui reste au chaud lui aussi.
S'en suivra une pré éclampsie post-partum (pour ne rien faire comme les autres me dira-t-elle).

Aujourd'hui, ils ont 11 et 6 ans et se portent à merveille.

Pour rejoindre les aventures de ces mamans, vous pouvez les retrouver sur le blog : « 9 mois avec ma bassine ». Mais aussi une page Facebook et un groupe du même nom. Et bien évidemment, leur association.

VANESSA

L'histoire de Vanessa commence de manière assez banale avec un accouchement par césarienne.

Nous sommes en 2009, Vanessa a alors 25 ans lorsqu'elle tombe enceinte (de suite après l'arrêt de sa pilule).
Une grossesse qui se déroule sans grande difficulté, la fierté de porter un bébé, de voir son ventre s'arrondir, l'impatience de cette rencontre.
Et en parallèle, l'angoisse d'accoucher naturellement, la peur de ne pas être efficace, de ne pas supporter la douleur, de la rupture d'anévrisme en forçant trop fort, la peur de mourir...

Finalement, à son plus grand soulagement, elle accouche par césarienne (suite à un col qui ne dilate pas et un terme qui est dépassé).

La petite Mélina va naître en parfaite santé, dans une émotion indescriptible pour sa maman, un amour inconditionnel.

Quelques heures après l'accouchement, une grande fatigue se fait sentir, fatigue qu'elle confie directement à l'équipe soignante en place.

Sans comprendre ce qu'il est en train de se passer, cette fatigue
s'amplifie dans la soirée et dans la nuit.
Vanessa se rappelle de son état qui se dégrade, des sensations
désagréables, de l'angoisse, des douleurs.
Elle n'arrive plus à respirer correctement, frôlant régulièrement
l'évanouissement.

13h après, l'anesthésiste et l'obstétricien arrivent en chambre.
Elle a tout juste le temps de leur dire bonjour, qu'elle fait un
malaise cardiaque.

11 minutes de massage cardiaque sont nécessaires pour faire
repartir son cœur et c'est en hélicoptère qu'elle va être transférée
dans un plus grand hôpital.
Durant ce trajet ils découvrent qu'elle fait une importante
hémorragie interne.

La suite de l'histoire elle n'en a aucun souvenir, ce sont les propos
qui lui ont été rapporté.

Arrivée à l'hôpital, elle est directement emmenée au bloc
opératoire, pour une opération qui va durer de nombreuses heures,
le but étant de stopper l'hémorragie.

Pendant ce temps là, Nicolas, le papa est resté auprès de Mélina
sans aucune inquiétude, l'équipe médicale lui ayant juste dit qu'elle
avait fait un malaise, qu'elle n'urinait pas et qu'il fallait lui faire une
dialyse.

Dans l'après midi, Nicolas cherche à la rejoindre mais ne la trouve
pas dans le service de dialyse.
Après de multiples recherches il finit par découvrir que Vanessa est
au bloc opératoire dans un autre hôpital.
On lui demande de patienter, que les nouvelles lui seront données
très prochainement.

À l'arrivée du chirurgien, il comprend très vite, à l'expression de son visage, que la situation est grave. Il lui annonce effectivement que le pronostic vital est engagé.

L'annonce est d'une violence extrême.
Il vient d'être papa dans une joie intense et quelques heures après il doit annoncer à la famille que l'état de Vanessa est critique et que sa vie est en jeu.
C'est la maman de Nicolas qui l'annonce d'ailleurs aux parents de Vanessa, lui s'en sentant incapable.

Va s'en suivre 15 jours de coma en service de réanimation (avec 2 opérations).

À son réveil, elle ne se rappelle de rien.
Elle me raconte qu'elle eu l'impression d'avoir dormi très longtemps et d'avoir la sensation d'avoir 5 ans, de ne rien retenir.

Elle ne se rappelle plus avoir été enceinte et être maman. Quand Nicolas lui mène Mélina, elle la regarde à peine.

Elle est transférée dans un service de pathologie grossesse et très vite elle réalise qu'elle est incapable de faire le moindre geste seule : elle ne tient plus debout, elle n'arrive plus à porter un verre à sa bouche, se laver seule…
Tenir sa fille dans ses bras est impossible et elle se déplace en fauteuil roulant.
Malgré toutes ces difficultés, elle garde le sourire et l'envie de se battre.

Un long combat se met en place : s'entrainer sans relâche pour réussir à faire 3 pas, à se redresser de son lit, tenir un stylo mais surtout pouvoir tenir Mélina dans ses bras.

Sa motivation ? Nicolas et Mélina !

Une semaine après, elle est transférée dans un autre service de gastro-entérologie, service où, malheureusement, Mélina n'est pas autorisée à venir, ce service étant fréquenté par trop de personnes malades.

Ce sera un des moments les plus durs pour Vanessa et à force de pleurer toute la journée, après une semaine dans le service, les médecins l'autorisent à regagner son domicile avec pour condition de se rendre un jour sur deux au laboratoire pour des analyses.

Vanessa me confiera avec beaucoup de tristesse avoir raté de nombreuses 1ères fois de sa fille : elle ne va lui donner son premier biberon, seule, qu'à ses 6 mois.

Jusqu'au 1 an de Mélina, Vanessa est heureuse d'être en vie, de sentir le soleil sur sa peau, de se réveiller chaque matin ; un sourire collé à son visage que rien ni personne ne peut enlever.

Mais très vite elle comprend que rien ne sera plus jamais comme avant, que toutes les difficultés qu'elle rencontre et que les médecins mettent sur le compte de la fatigue seront en fait présentes toute sa vie.

Elle tombe très vite en dépression.

Elle est fatiguée tant physiquement que mentalement, elle ne parvient plus à se concentrer, être attentive, mémoriser la moindre chose, conduire plus de 30 minutes consécutives.

Avant d'accoucher elle était à son compte depuis 3 ans, elle travaillait énormément, et aujourd'hui, le mi-temps est le maximum que son corps accepte de tenir.

À toutes ces difficultés, se rajoute une mauvaise gestion de ses émotions : elle est en colère et triste à la fois, elle est jalouse de toutes les femmes de son entourage qui donnent naissance à leurs enfants sans le moindre problème.

Les questions se multiplient : Pourquoi elle ? Pourquoi pas les autres ? Qu'à t-elle fait pour vivre ça ? Elle est rongée par la culpabilité de faire vivre de telles difficultés à sa fille, de lui avoir fait vivre cette séparation qu'elle apparente à de l'abandon.

Mais malgré tout ça, elle n'hésite pas à me confier qu'elle a une chance incroyable car elle est entourée de personnes extraordinaires qui l'aident à avancer chaque jour.

Début 2011, elle décide d'attaquer en justice, l'obstétricien, l'anesthésiste, la sage-femme et la clinique, et c'est alors le début d'une bataille qui s'annonce éprouvante.
La procédure juridique commencera après que le médecin du conseil confirme les fautes de leurs parts.

La première expertise la replonge inévitablement dans une dépression.
En effet, entendre le déroulement des faits pendant 4h, entendre les erreurs commises, réaliser que tout aurait pu être évité si la surveillance post césarienne avait été faite correctement (l'hémorragie était décelable au vue de tous les petits détails qui ont été révélés), replonge Vanessa dans ses douleurs et elle sombre…

Trois autres expertises médicales sont réalisées ainsi que deux expertises neurologique.
À chacune, les faits s'alourdissent.
Les expertises neurologiques confirment que les séquelles présentent actuellement, le seront toute sa vie puisque une petite partie du cerveau ne fonctionne plus.
Suite à la seconde expertise, le médecin mandaté par le tribunal l'examine.
Elle a une cicatrice de 18cm qui commence sur celle de la césarienne jusqu'au dessus du nombril (un T à l'envers) et il lui dit qu'elle peut essayer de faire un autre bébé, que ce qu'il s'est passé ne se reproduira pas.

C'est 1 an après qu'ils se décident à se lancer.

Ils consultent un gynécologue qui lui fait toute une série d'examens dont le dernier sera une cœlioscopie.

Elle a 33 ans, on lui retire la trompe gauche qui est trop abimée pour être sauvée et celle de droite est totalement bouchée à cause de nombreuses adhérences.

On lui annonce alors qu'avoir un enfant naturellement ne sera plus possible et qu'il faudra passer par la FIV.

C'est une femme dévastée qui va devoir se faire une raison sur sa situation.

Mais sa force de combat va la pousser à ne pas abandonner, à ne pas laisser cet *« obstétricien de malheur »* diriger sa vie.

Ils entament le parcours de FIV en 2017.

Parcours éprouvant et prenant.

Un premier passage au bloc se fait pour récupérer les ovocytes, passage qui l'angoisse.

Les premiers transferts ne fonctionnent pas, les embryons ne s'accrochent pas.

Puis un premier embryon s'accroche mais lâche très vite.

Début 2018, un autre embryon s'accroche puis fini par lâcher au bout d'un mois (une chute difficile pour la maman qui y croyait vraiment).

Elle envisage d'abandonner, ayant enduré trop de difficultés jusque là.

Les 6 mois suivant elle part en stage à Marseille, via la MDPH, pour faire travailler les parties endommagées de son cerveau.

Durant ces 6 mois, elle reste la semaine entière sur Marseille et ne rentre chez elle que les week-end.

La séparation avec Mélina et Nicolas est extrêmement difficile à gérer. Mais ils s'accrochent et se soutiennent tous les 3.

Après cette formation, ils reprennent la procédure de FIV.
Elle refuse d'abandonner et veut pouvoir se dire qu'elle a tout tenté pour avoir ce second bébé.

Fin juillet 2018 un embryon est transféré et la prise sang confirme une grossesse.
Les taux augmentent correctement mais Vanessa n'ose pas y croire, de peur de chuter une nouvelle fois.
Ils attendent donc la fin du 1er trimestre avant de l'annoncer.

La grossesse se déroule bien mais l'approche du terme la plonge dans une angoisse permanente (elle découvrira par la suite que ses proches partageront cette même angoisse sans jamais lui en parler).

Nous sommes le 27 avril 2019, le terme est dépassé depuis 3 jours et le travail ne semble pas vouloir se lancer mais l'équipe soignante est au petit soin pour Vanessa (le dossier est connu de tous, malgré le changement de maternité).
Malgré toutes les tentatives pour déclencher ce travail, le col ne s'ouvre pas et on lui annonce que ce sera de nouveau une césarienne et qu'elle sera mise en place dans les heures à venir.

La panique l'envahie, les souvenirs remontent et les larmes coulent.

Nicolas ne parvient pas à cacher son angoisse (elle me confira que 17 ans de vie commune ne laisse pas la possibilité de se cacher des émotions).
La tension est telle, qu'ils n'arrivent plus à se regarder, chacun cherchant à rester fort pour soutenir l'autre.

On l'installe au bloc opératoire dans une angoisse toujours aussi présente. Elle utilise ses 3 années de cours de yoga pour se focaliser sur sa respiration et se concentrer sur l'éclairage du plafond.
Elle est tétanisée et ne parvient pas à répondre à l'anesthésiste

quand il lui demande comment elle va.

Arrivée en salle de réveil, elle se met à trembler tellement fort que son corps se soulève du matelas, ses dents claquent fort l'empêchant de parler.

Il lui faudra un peu de temps pour extérioriser ce stress et enfin pouvoir serrer dans ces bras son petit garçon.

Sohan est né le 27 avril, 10 ans après Mélina.

À ce moment-là, ils réalisent qu'ils l'ont fait, qu'ils ont surmonté tous les obstacles rencontrés.

Elle me confiera être fière d'elle, et de voir que rien ne pouvait les arrêter à partir du moment où ils ont décidé de se relever et de se battre.

Aujourd'hui, ils ont conscience de la valeur de la vie.

Cette histoire est la sienne, elle a fait d'elle la femme qu'elle est aujourd'hui.

Personnellement je retiendrais surtout cette phrase : *« je sais maintenant que mettre un genou à terre n'est pas grave, l'important est de réussir à se relever et continuer d'avancer ».*

Alors que je suis en train d'écrire son histoire, l'audience a lieu, la suite de son histoire se fait, dans le but de pouvoir clore ce dossier et avancer définitivement sans se retourner.

Mais il va falloir attendre quelques mois pour avoir les conclusions des plaidoiries faites par les avocats des accusés.

J.

J'ai connu J. grâce à sa sœur et je dirais d'elle que c'était une jeune
fille un peu perdue qui est devenue une femme et une maman
accomplie.
C'est avec beaucoup d'émotions que j'ai recueilli son témoignage.

Sa première grossesse était extrêmement désirée.
À tel point que même lorsqu'elle vomissait, elle était heureuse.

Selon l'hôpital, son terme était le 4 juillet et selon son gynécologue
le 22 juin.
22 juin qui est aussi la date de naissance du futur papa.
Elle se met alors en tête qu'elle veut absolument accoucher le 22 et
estime qu'elle serait la femme parfaite si elle arrive à donner
naissance ce jour-là.

Le 21 juin, jour de la fête de la musique, ils sortent faire la fête et en
profitent pour célébrer les 28 ans du futur papa avec un petit jour
d'avance.
Elle se sent fatiguée mais rien d'anormal pour une fin de grossesse.
Son ventre est dur néanmoins elle n'a aucune contraction.

Ce soir là, ils vont se coucher tard (vers 5h du matin) et aux alentours de 6h, il vient tenter de gratter un petit câlin (après que plusieurs personnes leur aient expliqué que cela permettrait de déclencher le travail). Elle se lève pour aller aux toilettes et d'un coup elle perd les eaux. *« Très glamour »* comme elle me décrira la scène.

Elle appelle sa sœur qui vient les chercher pour les mener à la maternité (le futur papa n'ayant pas encore le permis).

Sur la route, elle ressent des douleurs qu'elle qualifie *« comme des règles »* et à ce moment là elle va se dire que si c'est ça les contractions elle peut faire plein de bébé.

À 7h ils arrivent à la maternité, les contractions sont plus ou moins douloureuses jusqu'à 15h.

À 15h, elle est dilatée à 6.

Les contractions deviennent alors très douloureuses.

Elle demande le masque (de gaz) pour la soulager, mais pour l'avoir sa sœur doit partir.

Elle se retrouve seule avec le futur papa sachant que personne hormis sa sœur n'arrive à la canaliser.

Malheureusement le masque ne fonctionne pas, rien ne la soulage et une fois dilatée à 8, elle n'arrive plus à tenir, plus à respirer et on lui installe la péridurale (il est alors 17h).

Dans les minutes qui suivent, elle va s'endormir pour 2h.

Au réveil, elle est toujours à 8.

On lui relance donc les contractions pour remettre le travail en route.

Mais bébé ne s'engage pas. L'équipe tente un changement de position qui ne fonctionne pas non plus et c'est en se centrant sur elle-même et en oubliant tout ce qui l'entoure qu'elle décide de pousser malgré tout lorsque l'horloge de la salle approche de la fin de ce jour si important pour elle…

Elle va forcer le destin en poussant et fera naître son bébé le… 22 juin… Son Fils vient de rejoindre sa famille.

Le petit homme est venu combler la vie de J. et elle ne ressent pas le besoin de faire un deuxième enfant.
Mais *« Dieu en a décidé autrement »* et c'est à 3 mois de grossesse qu'elle apprend qu'elle est enceinte.

À 4 mois de grossesse, elle perd du sang et part en urgence à l'hôpital.
Elle est stressée à l'idée de perdre ce bébé mais elle s'en remet à Dieu qui décidera si ce bébé doit rester ou non en elle (ce sera au final un petit décollement).

Sa grossesse est plus difficile que la première.
Son fils est encore petit, et il demande beaucoup d'attention et J. est de ces mamans qui ont du mal à déléguer (même au papa…)

À 7 mois de grossesse, elle est dilatée à 1, on lui demande alors de rester allongée (ce qui est chose quasi impossible quand on la connaît bien).

Son terme est prévu pour le 4 novembre mais elle aimerait bien accoucher le 31 octobre ou le 1er novembre mais elle a bien conscience qu'elle ne peut pas (toujours) choisir.

Le 21 octobre elle ressent des contractions comme tous les jours mais celles-ci sont un peu plus régulières.
Elle trouve ça bizarre mais ne s'inquiète pas pour autant.

Elle souffre mais refuse d'aller à l'hôpital car elle constate qu'elle gère bien donc, pour elle, il n'est pas nécessaire de bouger de la maison.
Le soir même, ils commandent une pizza et elle s'endort directement après manger (sa belle-mère garde son ainé ce soir là).

À 5h30, elle se lève car elle se sent mouillée, elle va se rincer à la salle de bain et retourne se coucher.

Mais ça continue de couler donc elle réveille son mari qui lui dit d'attendre un peu, mais lorsqu'elle se recouche rien ne change et elle décide de suivre le protocole que les maternités imposent à savoir : partir à la maternité.

Mais papa n'a toujours pas le permis et c'est donc en se conduisant elle-même à la maternité qu'ils prennent la route.

Elle arrive toute guillerette et se présente au service en expliquant la perte des eaux.

On l'examine, on lui confirme la perte et le monitoring ne donne aucune contraction.

On l'installe en salle de travail et au bout de 2h on la monte en chambre vu qu'il n'y a aucune évolution.

Elle me racontera avoir eu l'impression de passer son temps à attendre, à marcher et attendre de nouveau.

À 10h, elle n'est dilatée qu'à 2 mais le protocole l'oblige à rester sur place.

Le temps est long, il ne se passe rien, elle s'ennuie.

Elle tente un travail sur elle-même car elle sait que sous 48h elle sera déclenchée et elle refuse absolument d'aller à l'encontre de la nature.

À 17h, elle est toujours à 2.

 Mais les contractions commencent enfin, lentement.

À ce moment-là, elle est sur son lit et décide de se lancer dans une méditation pour pouvoir gérer la suite.

À 17h30, tout s'accélère d'un coup, les contractions sont atrocement douloureuses (elle ne parvient pas à me décrire la douleur tellement ce fut violent).

Elle passe son temps sous la douche chaude, assise sur son ballon.

Elle envoie le papa fumer une cigarette en bas car elle arrive à gérer seule ses douleurs et étant dilatée à 2, elle sait qu'il y a encore de longues heures devant eux.

Mais lorsqu'elle se lève de son ballon, elle sent que ça pousse, elle met la main pour contrôler et elle sent la tête de son bébé.
Elle se met à terre et *« hurle à la mort »*, pour qu'on vienne s'occuper d'elle, car elle est seule en chambre.

Elle panique car elle pense ne pas savoir quoi faire, et en même temps chacun de ses mouvements lui semble logique.

Elle prend son téléphone et appelle en urgence son mari pour qu'il remonte vite.
Il arrive devant la chambre en même temps que 5 membres de l'équipe médicale.
Dans la panique, ils lui refusent l'entrée pour finalement changer d'avis par la suite.
Elle sent que l'équipe n'est pas prête à un tel accouchement (ils sont en chambre, n'ont aucun matériel) et elle leur demande alors de la laisser gérer elle-même cette naissance.
Elle se sent comme un animal et à la sensation qu'elle n'a besoin de personne pour faire naître sa fille.
Elle a juste besoin d'être rassurée dans son choix.

Elle demande à ce qu'on l'installe sur le lit (bien qu'avec le recul, elle réalise qu'elle aurait pu la mettre au monde au sol).
Elle leur demande d'arrêter de la toucher, elle s'énerve de voir qu'on n'écoute pas son corps mais qu'on suive à tout prix un protocole qu'on leur a appris.
Mais elles finissent par s'éloigner du lit.

J. va s'écouter, écouter son corps et suivre ce qu'elle pense être bon à faire. Après 2 poussées, elle va attraper elle-même son bébé…

Il est 18h50, en ce 22 octobre (encore un 22), sa fille vient de naître et devenir un essentiel dans la vie de cette maman.

J. a vécu une expérience incroyable avec des sensations inoubliables.
Après avoir donner la vie à sa fille, d'une telle manière, elle réalise qu'elle peut faire de grandes choses, qu'elle est bien plus forte que ce qu'elle aurait pu imaginer.

Aujourd'hui, c'est une maman qui ne veut plus d'autres enfants, mais qui rêve de revivre le même accouchement malgré la souffrance.
Elle me répètera plusieurs fois que la nature est belle, que Dieu fait bien les choses et ne cesse de le remercier encore aujourd'hui.

DELPHINE

Je connais Delphine grâce à notre métier commun de photographe.
Je connais d'elle la femme forte qu'elle montre et qu'elle est en
réalité.
Et en écoutant son témoignage pour vous le raconter, elle m'a
confirmé cette force et m'a fait découvrir une autre facette d'elle.

Delphine est tombée enceinte en 2016, après avoir passé quelques
années en Australie avec son mari Bertrand.
Elle fait partie des femmes sujettes aux cystites à répétition.
Et durant sa grossesse, pensant avoir mal au dos à cause de son
travail et d'une mauvaise position, elle ne prête pas attention au
reste.
Elle va consulter une ostéopathe qui va tenter de la remettre en
place et après une semaine de douleur (son seuil de tolérance à la
douleur étant assez élevé) elle se rend compte que sa fièvre monte.

Après 24h de fièvre et de douleur à en vomir, elle se rend aux
urgences.
En arrivant à l'hôpital, on lui demande d'uriner dans un bocal et à
la vue de son urine, elle réalise qu'il y a un souci.
Elle est dans son 6ème mois de grossesse, elle souffre de

pyélonéphrite (une infection des reins) et va rester hospitalisée 8 jours.

Après ces 8 jours, elle rentre chez elle avec un suivi ECBU intense 2 fois par mois.

La grossesse avance plutôt bien, hormis des douleurs ligamentaires, qui n'impacte pas le bébé mais qui l'handicape pour marcher surtout les lendemains de reportages photo, et des contractions fréquentes mais non douloureuses.

Le dimanche 16 octobre, alors qu'elle est enceinte de 8 mois, elle invite une partie de sa famille à manger.

Le matin même, elle ne se sent pas bien, mais pense qu'il s'agit d'un virus.

Elle ne souhaite pas annuler son repas et va prendre un doliprane pour faire tomber sa fièvre.

Quand tout le monde part, elle s'allonge sur son canapé et appelle les sages-femmes de la maternité pour leur expliquer la situation (elle leur parle de la pyélonéphrite) et leur demande si elle doit venir en consultation.

Elles lui conseillent d'attendre une bonne heure et de voir ce que ça donne avant de venir.

À 18h, la fièvre est toujours présente.

Ils décident de se présenter à la maternité et dans le couloir, elle perd les eaux.

Tout va s'enchainer très vite, on l'installe en salle de monitoring, les contractions se lancent très rapidement mais elle n'est pas stressée.

La sage-femme de garde se présente à elle et lui explique que la fièvre impose que bébé arrive vite (selon leur protocole) sinon il y a un risque pour le bébé, et vu que le travail n'a pas réellement commencé, elle va devoir lui injecter de l'ocytocine pour augmenter et accélérer les contractions (ce qui va les rendre, par ailleurs, plus douloureuses).

Elle rajoute également que la péridurale ne sera pas possible à cause de la fièvre (l'anesthésiste ne peut piquer la moelle épinière sous un état de fièvre).

Ça tombe bien, elle n'en veut pas, elle souhaite un accouchement naturel.

Elle se souvient à ce moment-là, la discussion avec l'anesthésiste qui va insister sur le fait qu'en cas d'urgence, ce sera une anesthésie générale et le fait que, dans la foulée, elle avait demandé aux sages-femmes de garde ce jour-là les chiffres de risques d'anesthésie générale qui était ridiculement petits).

Pendant ce temps là, Bertrand va faire un aller-retour rapide pour aller récupérer les valises.

On lui injecte l'ocytocine qui rend les contractions très violentes. Elle est dans une salle surmédicalisée, loin de son idéal de salle nature, afin de surveiller les cœurs de bébé et de maman, à cause de la fièvre qui ne descend pas.

Elle souffre énormément et utilise les exercices de sophrologie qu'elle a appris durant sa préparation.

On lui donne également de l'oxygène pour la soulager des contractions mais cela l'empêche de réaliser ses exercices de sophrologie, et donc ne l'aide pas.

Les heures passent, ils s'occupent comme ils peuvent en écoutant de la musique et en analysant les paris faits par leurs proches sur le sexe du bébé qu'ils n'ont pas souhaité connaître.

Son col évolue lentement mais il évolue.

Elle va passer la nuit dans la souffrance en tentant d'utiliser la sophrologie pour se canaliser, ne pouvant pas se lever, étant branchée de tous les côtés.

À 4h du matin, son col est à 6 mais cela fait 2h qu'il est à 6 et la sage-femme lui explique qu'ils ne vont plus pouvoir attendre et qu'ils vont devoir l'accoucher par césarienne.

À ce moment précis, dans sa tête, un flash apparaît : son rendez-vous avec l'anesthésiste qui lui avait expliqué que ce serait une césarienne sous anesthésie générale.

Elle les supplie de lui laisser du temps, demande à marcher, à bouger pour pouvoir aider ce col à dilater plus rapidement.

Il est 5h quand on la bascule au bloc opératoire. Le transfert est horrible, elle perd la morphine qu'elle pouvait s'injecter au besoin par micro dose, Bertrand ne peut pas venir et doit attendre dehors que son bébé naisse.

Elle va passer des mains des sages-femmes à un infirmier qui ne semble pas comprendre sa douleur.

À cet instant, elle ne trouve pas de repos entre 2 contractions, n'arrive pas à s'installer sur cette table en métal quand l'infirmier le lui demande.

Les contractions la font bondir, personne n'est là pour la rassurer, elle se sent seule dans le froid de cette pièce, un froid glacial.

L'anesthésiste va mettre 30min à venir, les 30 minutes les plus longues de toute sa vie.

Elle voit du personnel rentrer et sortir de cette pièce, mais ils portent tous un masque donc elle ne reconnaît personne.

Une personne rentre en hurlant de la chauffer, en la voyant allongée sur la table attendre l'anesthésiste.

Ils lui installent une couverture avec un tuyau pour chauffer.

Cette chaleur va lui permettre d'oublier les douleurs un court instant.

L'anesthésiste entre enfin dans la salle et pour pouvoir la calmer afin de la piquer lui demande de prendre les contractions comme des vagues.

Delphine la supplie de l'endormir pour ne plus rien sentir.

Ce qu'elle va réussir à faire par la suite.

Il est 6h15 en ce 17 octobre 2016, Maya vient de naître et après ses premiers soins de nouveau-né, elle part retrouver son papa.

Le réveil de Delphine ne se passe pas au mieux.

Elle souffre de la gorge et ne parvient pas à parler (ce qui est normal après une intubation).

Elle lève le bras pour qu'on puisse voir qu'elle est réveillée.

Quelqu'un vient et lui explique qu'elle doit rester en observation et que dans 2h une sage-femme viendra la voir pour lui expliquer la suite de la procédure.

Le temps passe lentement.

Elle se souvient d'avoir vue sur l'horloge et de voir chaque minute passer.

Elle se souvient aussi de cette sensation d'être dans un couloir à côté de l'espace du personnel et de les entendre se raconter leurs week-ends lors du changement d'équipe.

Elle lève de nouveau le bras et demande des nouvelles de son bébé.

On la rassure en lui disant que tout va bien, mais on ne lui donne aucun détail.

Vers 9h, elle s'énerve, ne se sent pas exister, elle veut voir son bébé et son mari.

Elle fait appeler la sage-femme et lui demande de les retrouver.

Elle se sent comme un robot, comme en état de choc et ne va lui poser aucune question et attendre patiemment d'arriver auprès de Bertrand.

Dans l'ascenseur qui le mène à lui, elle voit qu'on lui fait des soins mais ne saura jamais dire lesquels.

Bertrand est là, dans une pièce qui n'est pas leur chambre et se souvient encore de ses premiers mots : « Je te présente Maya ».

Il lui pose sur elle mais elle ne réalise pas que c'est sa fille (elle mettra 24h avant de réussir à lui parler).

Maya ne parvient pas à prendre le sein quand on l'approche et ne fait que dormir.

On les laisse seuls dans cette chambre et on revient de temps en temps pour tenter une nouvelle mise au sein.

On lui explique qu'il faut qu'elle se lève au plus vite et elle en profite pour demander à aller se laver.

On lui autorise sous condition de la présence d'une sage-femme avec elle, mais elle refuse, souhaitant profiter d'un petit moment à elle.

Moment qui va s'avérer plus difficile que prévu, n'arrivant pas à tenir droite.

Elle va se laver comme elle peut mais elle le fera seule comme souhaité.

On les mène en chambre et à partir de là, son rôle de maman va se mettre en place comme un mécanisme naturel : nourrir, laver, soigner.

L'allaitement ne se met pas en place, elle va tirer son lait durant des mois.

Elle suppose que l'allaitement ne s'est pas fait à cause d'une séparation trop longue et d'une fatigue trop intense.

Papa va se charger de beaucoup de soins durant les 3 premiers jours, Delphine ayant du mal à se lever.

Bertrand gère surtout les repas.

Elle met Maya au sein sans succès à chaque faim puis après Bertrand lui donne le lait qu'elle a tiré plus tôt.

D'abord à la cuillère, ensuite à la pipette puis à la tasse.

Au 4ème jour, Maya perd trop de poids et on les pousse à lui donner son lait en biberon pour qu'elle prenne plus de quantité.

À ce moment-là, elle sait aussi que l'allaitement au sein sera encore plus compliqué voir même irréversible (comme on l'apprend lors des préparations pour l'allaitement).

Ceci s'avère vrai car dès le retour à la maison et malgré 2 séances avec un ostéopathe spécialisé chez les nouveaux-nés avec des problèmes d'accroche au sein, et sage femme spécialisés en lactation, Maya ne prendra jamais le sein.

Le manque de liaison qu'elle a eu avec Maya dans les premières heures de sa vie a créé un doute que Bertrand a du abattre : *« Est-ce bien notre fille ? Elle est brune alors qu'on l'avait imaginé blonde »*.

Le retour à la maison se fera sans difficulté autre.
Laissant tout de même cette maman sans réponse aux multiples questions qu'elle n'a pas pensé à poser : Ne pas savoir comment était sa fille à la naissance, ne pas savoir si elle a pleuré ou pas, cette sensation qu'on lui a volé son accouchement.

Elle reste en colère contre le manque de préparation à ce type d'accouchement et au suivi après la grossesse, au fait qu'on ne se préoccupe que du bébé et plus de la maman et au fait que parfois il faut un petit peu de temps avant d'aimer son bébé (tout le monde ne vit pas la rencontre de sa vie en une seconde).

Elle me confiera « qu'un accouchement par césarienne sous anesthésie générale est un vrai choc psychologique pour les mamans, provoqué par le vide, l'absence d'histoire et de souvenir des premiers instants de vie de son enfant, de l'absence de l'accouchement, d'un des plus important moment de sa vie. Et cela aurait pu être compensé par un meilleur suivi, qui n a pas eu lieu, car en effet toutes les équipes de sages femmes se préoccupent des bébés. »

Elle aurait apprécié une visite de la gynécologue qui lui a fait la césarienne pour lui raconter comment cela s'était passé, ainsi que la visite de la pédiatre pour lui décrire sa fille sortie du ventre.
La pédiatre ou bien la gynécologue auraient pu lui rendre visite en chambre les jours suivants (travaillant tous les jours dans cet hôpital...).

Elle aurait tellement aimé qu'elles lui racontent les premiers instants de vie de sa fille qu'elle ne connaitra jamais : Est-ce-qu'elle avait les yeux ouverts ? Est-ce-qu'elle était sale ? Propre ? Sa couleur de peau ? A t-elle pleuré ? Était elle complètement épuisée et somnolente ou au contraire très vive? Elle ne saura jamais...

Pour combler ce manque, elle décide quelques temps après d'aller demander la consultation de son dossier médical mais on va lui refuser, avec pour excuse, qu'elle n'a aucune raison de le demander, s'il y avait eu un souci, l'équipe médicale lui aurait dit.
Mais elle, elle voulait seulement des informations d'un point de vue humain et non médical.

Elle sait qu'elle doit faire le deuil de cet accouchement.

Pour la naissance de son second bébé tout s'est passé à merveille : 10h de travail, accouchement par voix basse et un retour rapide à la maison.

Au moment de partir une des sages-femmes, à qui elle a raconté l'histoire de la naissance de Maya, vient les voir en chambre avec dans ses mains… le dossier médical de l'accouchement de Maya…
Ils vont s'asseoir tous les 3 avec Lexi et elle va leur lire le dossier, leur confirmant qu'il n'y a rien eu de médical.
Elle va leur donner le nom du pédiatre en charge, qui n'est autre que le pédiatre de Maya.
Delphine comprend vite qu'elle avait face à elle un pédiatre qui n'a jamais pris la peine de lui dire que c'était lui qui avait sorti ce bébé, pendant que sa maman était sous anesthésie.

Depuis ce jour-là, elle a changé de pédiatre.

Trois ans après, lire le dossier de Maya lui a fait beaucoup de bien, même si certaines questions restent sans réponses. La boucle se ferme enfin.

C'est comme si Maya venait de renaître…

BILAN

Lorsque tu décides de donner la vie, lorsque tu te lances dans cette folle aventure, tu imagines toujours ta grossesse parfaite et ton accouchement idéal.

Il est important de prendre en compte que quoi que tu prévoies, l'imprévu sera toujours présent…

Alors savoure, profite et laisse toi porter…